TRANZLATY

La Langue est pour tout le Monde

Sproget er for alle

Le Manifeste Communiste

Det Kommunistiske Manifest

Karl Marx
&
Friedrich Engels

Français / Dansk

Published by Tranzlaty
ISBN: 978-1-80572-362-2
Original text by Karl Marx and Friedrich Engels
The Communist Manifesto
First published in 1848
www.tranzlaty.com

Introduction
Indførelsen

Un spectre hante l'Europe : le spectre du communisme
Et spøgelse hjemsøger Europa — kommunismens spøgelse

Toutes les puissances de la vieille Europe ont conclu une sainte alliance pour exorciser ce spectre
Alle magter i det gamle Europa har indgået en hellig alliance for at uddrive dette spøgelse

Le pape et le tsar, Metternich et Guizot, les radicaux français et les espions de la police allemande
Paven og zaren, Metternich og Guizot, franske radikale og tyske politispioner

Où est le parti dans l'opposition qui n'a pas été décrié comme communiste par ses adversaires au pouvoir ?
Hvor er det oppositionsparti, der ikke er blevet fordømt som kommunistisk af sine modstandere ved magten?

Où est l'opposition qui n'a pas rejeté le reproche de marque du communisme contre les partis d'opposition les plus avancés ?
Hvor er oppositionen, der ikke har kastet kommunismens brændevaremærkebebrejdelse tilbage mod de mere avancerede oppositionspartier?

Et où est le parti qui n'a pas porté l'accusation contre ses adversaires réactionnaires ?
Og hvor er det parti, der ikke har fremsat anklagen mod sine reaktionære modstandere?

Deux choses résultent de ce fait
To ting følger af denne kendsgerning

I. Le communisme est déjà reconnu par toutes les puissances européennes comme étant lui-même une puissance
I. Kommunismen er allerede anerkendt af alle europæiske magter som en magt

II. Il est grand temps que les communistes publient ouvertement, à la face du monde entier, leurs vues, leurs buts et leurs tendances

II. Det er på høje tid, at kommunisterne åbent, over for hele verden, offentliggør deres synspunkter, mål og tendenser

ils doivent répondre à ce conte enfantin du spectre du communisme par un manifeste du parti lui-même

de må møde denne børnefortælling om kommunismens spøgelse med et manifest fra selve partiet

À cette fin, des communistes de diverses nationalités se sont réunis à Londres et ont esquissé le manifeste suivant

Med henblik herpå har kommunister af forskellige nationaliteter samlet sig i London og skitseret følgende manifest

ce manifeste sera publié en anglais, français, allemand, italien, flamand et danois

Dette manifest skal offentliggøres på engelsk, fransk, tysk, italiensk, flamsk og dansk

Et maintenant, il doit être publié dans toutes les langues proposées par Tranzlaty

Og nu skal den udgives på alle de sprog, som Tranzlaty tilbyder

Les bourgeois et les prolétaires
Borgerskabet og proletarerne

L'histoire de toutes les sociétés qui ont existé jusqu'à présent est l'histoire des luttes de classes

Historien om alle hidtil eksisterende samfund er klassekampens historie

Homme libre et esclave, patricien et plébéien, seigneur et serf, maître de guilde et compagnon

Frimand og slave, patricier og plebejer, herre og livegen, lavsmester og svend

en un mot, oppresseur et opprimé

kort sagt, undertrykker og undertrykt

Ces classes sociales étaient en opposition constante les unes avec les autres

Disse sociale klasser stod i konstant modsætning til hinanden

Ils se sont battus sans interruption. Maintenant caché, maintenant ouvert

de førte en uafbrudt kamp. Nu skjult, nu åbent

un combat qui s'est terminé par une reconstitution révolutionnaire de la société dans son ensemble

en kamp, der enten endte i en revolutionær rekonstruktion af samfundet som helhed

ou un combat qui s'est terminé par la ruine commune des classes en lutte

eller en kamp, der endte med de stridende klassers fælles ruin

Jetons un coup d'œil aux époques antérieures de l'histoire

Lad os se tilbage på de tidligere epoker i historien

Nous trouvons presque partout un arrangement compliqué de la société en divers ordres

Vi finder næsten overalt en kompliceret opstilling af samfundet i forskellige ordener

Il y a toujours eu une gradation multiple du rang social

der har altid været en mangfoldig graduering af social rang

Dans la Rome antique, nous avons des patriciens, des chevaliers, des plébéiens, des esclaves

I det gamle Rom har vi patriciere, riddere, plebejere, slaver

au Moyen Âge : seigneurs féodaux, vassaux, maîtres de corporation, compagnons, apprentis, serfs

i middelalderen: feudalherrer, vasaller, lavsmestre, svende, lærlinge, livegne

Dans presque toutes ces classes, encore une fois, les gradations subordonnées

i næsten alle disse klasser, igen underordnede gradueringer

La société bourgeoise moderne est née des ruines de la société féodale

Det moderne borgerlige samfund er spiret frem af ruinerne af det feudale samfund

Mais ce nouvel ordre social n'a pas fait disparaître les antagonismes de classe

Men denne nye samfundsorden har ikke afskaffet klassemodsætningerne

Elle n'a fait qu'établir de nouvelles classes et de nouvelles conditions d'oppression

Den har kun etableret nye klasser og nye betingelser for undertrykkelse

Il a mis en place de nouvelles formes de lutte à la place des anciennes

den har etableret nye kampformer i stedet for de gamle

Cependant, l'époque dans laquelle nous nous trouvons possède un trait distinctif

Men den epoke, vi befinder os i, har et særpræg

l'époque de la bourgeoisie a simplifié les antagonismes de classe

bourgeoisiets epoke har forenklet klassemodsætningerne

La société dans son ensemble se divise de plus en plus en deux grands camps hostiles

Samfundet som helhed splittes mere og mere op i to store fjendtlige lejre

deux grandes classes sociales qui se font directement face : la bourgeoisie et le prolétariat

to store sociale klasser direkte over for hinanden: Bourgeoisie og proletariat

Des serfs du Moyen Âge sont sortis les bourgeois agréés des premières villes

Fra middelalderens livegne udsprang de chartrede borgere i de tidligste byer

C'est à partir de ces bourgeois que se sont développés les premiers éléments de la bourgeoisie

Fra disse borgerskaber udviklede de første elementer af bourgeoisiet

La découverte de l'Amérique et le contournement du Cap

Opdagelsen af Amerika og rundingen af Kap

ces événements ont ouvert un nouveau terrain à la bourgeoisie montante

disse begivenheder åbnede ny jord for det fremvoksende bourgeoisi

Les marchés des Indes orientales et de la Chine, la colonisation de l'Amérique, le commerce avec les colonies

De østindiske og kinesiske markeder, koloniseringen af Amerika, handel med kolonierne

l'augmentation des moyens d'échange et des marchandises en général

Stigningen i byttemidlerne og i varer i almindelighed

Ces événements donnèrent au commerce, à la navigation et à l'industrie une impulsion jamais connue jusque-là

Disse begivenheder gav handel, navigation og industri en impuls, der aldrig før er kendt

Elle a donné un développement rapide à l'élément révolutionnaire dans la société féodale chancelante

Det gav hurtig udvikling til det revolutionære element i det vaklende feudale samfund

Les guildes fermées avaient monopolisé le système féodal de la production industrielle

lukkede laug havde monopoliseret det feudale system for industriproduktion

Mais cela ne suffisait plus aux besoins croissants des nouveaux marchés

men dette var ikke længere tilstrækkeligt til de nye markeders voksende behov

Le système manufacturier a pris la place du système féodal de l'industrie

Fremstillingssystemet trådte i stedet for det feudale industrisystem

Les maîtres de guilde étaient poussés d'un côté par la classe moyenne manufacturière

Laugsmestrene blev skubbet til side af den manufakturistiske middelklasse

La division du travail entre les différentes corporations a disparu

arbejdsdelingen mellem de forskellige virksomhedslaug forsvandt

La division du travail s'infiltrait dans chaque atelier

arbejdsdelingen trængte ind i hvert enkelt værksted

Pendant ce temps, les marchés ne cessaient de croître et la demande ne cessait d'augmenter

I mellemtiden blev markederne ved med at vokse, og efterspørgslen steg stadigt

Même les usines ne suffisaient plus à répondre à la demande

Selv fabrikker var ikke længere tilstrækkelige til at opfylde kravene

À partir de là, la vapeur et les machines ont révolutionné la production industrielle

Herefter revolutionerede damp og maskiner industriproduktionen

La place de fabrication a été prise par le géant de l'industrie moderne

Pladsen for manufakturen blev overtaget af den gigantiske, moderne industri

La place de la classe moyenne industrielle a été prise par des millionnaires industriels

den industrielle middelklasses plads blev overtaget af industrielle millionærer

la place de chefs d'armées industrielles entières ont été prises par la bourgeoisie moderne
Pladsen som ledere af hele industrihære blev overtaget af det moderne bourgeoisi

la découverte de l'Amérique a ouvert la voie à l'industrie moderne pour établir le marché mondial
opdagelsen af Amerika banede vejen for, at den moderne industri kunne etablere verdensmarkedet

Ce marché donna un immense développement au commerce, à la navigation et aux communications par terre
Dette marked gav en enorm udvikling til handel, navigation og kommunikation til lands

Cette évolution a, en son temps, réagi à l'extension de l'industrie
Denne udvikling har i sin tid reageret på udvidelsen af industrien

elle a réagi proportionnellement à l'expansion de l'industrie et à l'extension du commerce, de la navigation et des chemins de fer
den reagerede i forhold til, hvordan industrien voksede, og hvordan handel, skibsfart og jernbaner udvidede sig

dans la même proportion que la bourgeoisie s'est développée, elle a augmenté son capital
i samme forhold som bourgeoisiet udviklede sig, øgede de deres kapital

et la bourgeoisie a relégué à l'arrière-plan toutes les classes héritées du Moyen Âge
og bourgeoisiet skubbede alle klasser, der var gået i arv fra middelalderen, i baggrunden

c'est pourquoi la bourgeoisie moderne est elle-même le produit d'un long développement
derfor er det moderne bourgeoisi selv et produkt af et langt udviklingsforløb

On voit qu'il s'agit d'une série de révolutions dans les modes de production et d'échange

Vi ser, at det er en række omvæltninger i produktions- og
udvekslingsmåderne

**Chaque étape du développement de la bourgeoisie
s'accompagnait d'une avancée politique correspondante**
Hvert udviklingsborgerskabs skridt blev ledsaget af et
tilsvarende politisk fremskridt

Une classe opprimée sous l'emprise de la noblesse féodale
En undertrykt klasse under den feudale adels herredømme

**Une association armée et autonome dans la commune
médiévale**
En væbnet og selvstyrende forening i middelalderkommunen

**ici, une république urbaine indépendante (comme en Italie
et en Allemagne)**
her en uafhængig byrepublik (som i Italien og Tyskland)

**là, un « tiers état » imposable de la monarchie (comme en
France)**
dér et skattepligtigt "tredje stand" af monarkiet (som i
Frankrig)

par la suite, dans la période de fabrication proprement dite
efterfølgende, i den egentlige fremstillingsperiode

**la bourgeoisie servait soit la monarchie semi-féodale, soit la
monarchie absolue**
borgerskabet tjente enten det halvfeudale eller det absolutte
monarki

ou bien la bourgeoisie faisait contrepoids à la noblesse
eller bourgeoisiet optrådte som en modvægt til adelen

**et, en fait, la bourgeoisie était une pierre angulaire des
grandes monarchies en général**
og i virkeligheden var bourgeoisiet en hjørnesten i de store
monarkier i almindelighed

**mais l'industrie moderne et le marché mondial se sont
établis depuis lors**
men den moderne industri og verdensmarkedet har etableret
sig siden da

**et la bourgeoisie s'est emparée de l'emprise politique
exclusive**

og bourgeoisiet har erobret sig eksklusivt politisk
herredømme
**elle a obtenu cette influence politique à travers l'État
représentatif moderne**
den opnåede denne politiske magt gennem den moderne
repræsentative stat
**Les exécutifs de l'État moderne ne sont qu'un comité de
gestion**
Den moderne stats udøvere er kun en forvaltningskomité
et ils gèrent les affaires communes de toute la bourgeoisie
og de styrer hele bourgeoisiets fælles anliggender
**La bourgeoisie, historiquement, a joué un rôle des plus
révolutionnaires**
Bourgeoisiet har historisk set spillet en yderst revolutionær
rolle
**Partout où elle a pris le dessus, elle a mis fin à toutes les
relations féodales, patriarcales et idylliques**
Hvor den end fik overtaget, gjorde den en ende på alle
feudale, patriarkalske og idylliske forbindelser
**Elle a impitoyablement déchiré les liens féodaux hétéroclites
qui liaient l'homme à ses « supérieurs naturels »**
Den har ubarmhjertigt revet de brogede feudale bånd i
stykker, der bandt mennesket til dets "naturlige overordnede"
**et il n'y a plus de lien entre l'homme et l'homme, si ce n'est
l'intérêt personnel**
og det har ikke efterladt nogen forbindelse mellem mand og
mand, andet end nøgen egeninteresse
**Les relations de l'homme entre eux ne sont plus qu'un «
paiement en espèces » impitoyable**
menneskets forhold til hinanden er ikke blevet andet end
afstumpet "kontant betaling"
**Elle a noyé les extases les plus célestes de la ferveur
religieuse**
Den har druknet den mest himmelske ekstase af religiøs glød
**elle a noyé l'enthousiasme chevaleresque et le
sentimentalisme philistin**

den har druknet ridderlig entusiasme og spidsborgerlig
sentimentalisme
Il a noyé ces choses dans l'eau glacée du calcul égoïste
den har druknet disse ting i den egoistiske beregnings iskolde
vand
Il a transformé la valeur personnelle en valeur échangeable
Det har opløst personlig værdi til bytteværdi
**elle a remplacé les innombrables et inaliénables libertés
garanties par la Charte**
den har erstattet de utallige og uomgængelige chartrede
frihedsrettigheder
**et il a mis en place une liberté unique et inadmissible ;
Libre-échange**
og den har skabt en enkelt, samvittighedsløs frihed; Frihandel
En un mot, il l'a fait pour l'exploitation
Med ét ord har den gjort dette for udnyttelse
**Une exploitation voilée par des illusions religieuses et
politiques**
udnyttelse tilsløret af religiøse og politiske illusioner
**l'exploitation voilée par une exploitation nue, éhontée,
directe, brutale**
udnyttelse tilsløret af nøgen, skamløs, direkte, brutal
udnyttelse
**la bourgeoisie a enlevé l'auréole de toutes les occupations
jusque-là honorées et vénérées**
bourgeoisiet har fjernet glorien fra enhver tidligere hædret og
æret beskæftigelse
le médecin, l'avocat, le prêtre, le poète et l'homme de science
lægen, advokaten, præsten, digteren og videnskabsmanden
**Il a converti ces travailleurs distingués en ses travailleurs
salariés**
den har forvandlet disse fremtrædende arbejdere til sine
lønnede lønarbejdere
La bourgeoisie a déchiré le voile sentimental de la famille
Borgerskabet har revet det sentimentale slør væk fra familien

et elle a réduit la relation familiale à une simple relation d'argent

og det har reduceret familieforholdet til blot et pengeforhold

la brutale démonstration de vigueur au Moyen Âge que les réactionnaires admirent tant

den brutale opvisning af kraft i middelalderen, som reaktionisterne beundrer så meget

Même cela a trouvé son complément approprié dans l'indolence la plus paresseuse

Selv dette fandt sit passende supplement i den mest dovne dovenskab

La bourgeoisie a révélé comment tout cela s'est passé

Bourgeoisiet har afsløret, hvordan alt dette skete

La bourgeoisie a été la première à montrer ce que l'activité de l'homme peut produire

Bourgeoisiet har været det første til at vise, hvad menneskets virksomhed kan frembringe

Il a accompli des merveilles surpassant de loin les pyramides égyptiennes, les aqueducs romains et les cathédrales gothiques

Det har udrettet vidundere, der langt overgår egyptiske pyramider, romerske akvædukter og gotiske katedraler

et il a mené des expéditions qui ont mis dans l'ombre tous les anciens Exodes des nations et les croisades

og det har gennemført ekspeditioner, der har sat alle tidligere Exoduser af nationer og korstog i skyggen

La bourgeoisie ne peut exister sans révolutionner sans cesse les instruments de production

Bourgeoisiet kan ikke eksistere uden konstant at revolutionere produktionsmidlerne

et par conséquent elle ne peut exister sans ses rapports à la production

og derfor kan den ikke eksistere uden sine relationer til produktionen

et donc elle ne peut exister sans ses relations avec la société

og derfor kan den ikke eksistere uden sine relationer til
samfundet

**Toutes les classes industrielles antérieures avaient une
condition en commun**

Alle tidligere industriklasser havde én betingelse til fælles

**Ils s'appuyaient sur la conservation des anciens modes de
production**

de var afhængige af bevarelsen af de gamle produktionsmåder

**mais la bourgeoisie a apporté avec elle une dynamique tout
à fait nouvelle**

men bourgeoisiet bragte en helt ny dynamik med sig

**Révolution constante de la production et perturbation
ininterrompue de toutes les conditions sociales**

Konstant revolutionering af produktionen og uafbrudt
forstyrrelse af alle sociale forhold

**cette incertitude et cette agitation perpétuelles distinguent
l'époque bourgeoise de toutes les époques antérieures**

denne evige usikkerhed og agitation adskiller borgerskabets
epoke fra alle tidligere

**Les relations antérieures avec la production
s'accompagnaient de préjugés et d'opinions anciens et
vénérables**

tidligere forhold til produktionen kom med gamle og
ærværdige fordomme og meninger

**Mais toutes ces relations figées et figées sont balayées d'un
revers de main**

Men alle disse faste, fastfrosne relationer fejes væk

**Toutes les relations nouvellement formées deviennent
archaïques avant de pouvoir s'ossifier**

Alle nydannede relationer bliver forældede, før de kan stivne

**Tout ce qui est solide se fond dans l'air, et tout ce qui est
saint est profané**

Alt, hvad der er fast, smelter til luft, og alt, hvad der er helligt,
vanhelliges

**L'homme est enfin forcé de faire face, avec des sens sobres, à
ses conditions réelles de vie**

mennesket er endelig tvunget til at se sine virkelige
livsbetingelser i øjnene med nøgterne sanser
et il est obligé de faire face à ses relations avec les siens
og han er tvunget til at se sine relationer i øjnene med sin slags
La bourgeoisie a constamment besoin d'élargir ses marchés
pour ses produits
Borgerskabet har konstant brug for at udvide sine markeder
for sine produkter
et, à cause de cela, la bourgeoisie est poursuivie sur toute la
surface du globe
og på grund af dette jages bourgeoisiet over hele klodens
overflade
La bourgeoisie doit se nicher partout, s'installer partout,
établir des liens partout
Bourgeoisiet må putte sig overalt, bosætte sig overalt, etablere
forbindelser overalt
La bourgeoisie doit créer des marchés dans tous les coins du
monde pour exploiter
Bourgeoisiet må skabe markeder i alle verdenshjørner for at
udbytte
La production et la consommation dans tous les pays ont
reçu un caractère cosmopolite
Produktionen og forbruget i alle lande har fået en
kosmopolitisk karakter
le chagrin des réactionnaires est palpable, mais il s'est
poursuivi malgré tout
reaktionisternes ærgrelse er til at tage og føle på, men den er
fortsat uanset
La bourgeoisie a tiré de dessous les pieds de l'industrie le
terrain national sur lequel elle se trouvait
Bourgeoisiet har under industriens fødder trukket det
nationale grundlag, hvorpå det stod
Toutes les anciennes industries nationales ont été détruites,
ou sont détruites chaque jour
alle gamle nationale industrier er blevet ødelagt eller bliver
dagligt ødelagt

Toutes les anciennes industries nationales sont délogées par de nouvelles industries

alle gamle etablerede nationale industrier fortrænges af nye industrier

Leur introduction devient une question de vie ou de mort pour toutes les nations civilisées

deres indførelse bliver et spørgsmål om liv og død for alle civiliserede nationer

Ils sont délogés par les industries qui ne travaillent plus la matière première indigène

de fjernes af industrier, der ikke længere oparbejder indenlandske råmaterialer

Au lieu de cela, ces industries extraient des matières premières des zones les plus reculées

i stedet trækker disse industrier råmaterialer fra de fjerneste zoner

dont les produits sont consommés, non seulement chez nous, mais dans tous les coins du monde

Industrier, hvis produkter forbruges ikke kun i hjemmet, men i alle dele af kloden

À la place des anciens besoins, satisfaits par les productions du pays, nous trouvons de nouveaux besoins

I stedet for de gamle behov, der tilfredsstilles af landets produktioner, finder vi nye behov

Ces nouveaux besoins exigent pour leur satisfaction les produits des pays et des climats lointains

Disse nye behov kræver for at tilfredsstille produkter fra fjerne lande og himmelstrøg

À la place de l'ancien isolement et de l'autosuffisance locaux et nationaux, nous avons le commerce

I stedet for den gamle lokale og nationale afsondrethed og selvforsyning har vi handel

les échanges internationaux dans toutes les directions ; l'interdépendance universelle des nations

international udveksling i alle retninger; Universel indbyrdes afhængighed mellem nationer

Et de même que nous sommes dépendants des matériaux, nous sommes dépendants de la production intellectuelle
og ligesom vi er afhængige af materialer, er vi afhængige af intellektuel produktion
Les créations intellectuelles des nations individuelles deviennent la propriété commune
De enkelte nationers intellektuelle frembringelser bliver fælles ejendom
L'unilatéralité nationale et l'étroitesse d'esprit deviennent de plus en plus impossibles
National ensidighed og snæversynethed bliver mere og mere umulig
et des nombreuses littératures nationales et locales, surgit une littérature mondiale
og fra de talrige nationale og lokale litteraturer opstår der en verdenslitteratur
par l'amélioration rapide de tous les instruments de production
ved hurtig forbedring af alle produktionsinstrumenter
par les moyens de communication immensément facilités
ved hjælp af de uhyre lette kommunikationsmidler
La bourgeoisie entraîne tout le monde (même les nations les plus barbares) dans la civilisation
Bourgeoisiet trækker alle (selv de mest barbariske nationer) ind i civilisationen
Les prix bon marché de ses marchandises ; l'artillerie lourde qui abat toutes les murailles chinoises
De billige priser på dets varer; det tunge artilleri, der slår alle kinesiske mure ned
La haine obstinée des barbares contre les étrangers est forcée de capituler
Barbarernes intenst stædige had til udlændinge tvinges til at kapitulere
Elle oblige toutes les nations, sous peine d'extinction, à adopter le mode de production bourgeois

Den tvinger alle nationer til under trussel om udryddelse at
overtage bourgeoisiets produktionsmåde
**elle les oblige à introduire ce qu'elle appelle la civilisation
en leur sein**
den tvinger dem til at indføre det, den kalder civilisation i
deres midte
**La bourgeoisie force les barbares à devenir eux-mêmes
bourgeois**
Borgerskabet tvinger barbarerne til selv at blive borgerskab
en un mot, la bourgeoisie crée un monde à son image
kort sagt, borgerskabet skaber en verden efter sit eget billede
**La bourgeoisie a soumis les campagnes à la domination des
villes**
Bourgeoisiet har underkastet landdistrikterne byernes
herredømme
**Il a créé d'énormes villes et considérablement augmenté la
population urbaine**
Det har skabt enorme byer og øget bybefolkningen betydeligt
**Il a sauvé une partie considérable de la population de
l'idiotie de la vie rurale**
den reddede en betydelig del af befolkningen fra landlivets
idioti
mais elle a rendu les ruraux dépendants des villes
men det har gjort dem på landet afhængige af byerne
**et de même, elle a rendu les pays barbares dépendants des
pays civilisés**
og ligeledes har det gjort de barbariske lande afhængige af de
civiliserede lande
**nations paysannes sur nations bourgeoises, l'Orient sur
Occident**
nationer af bønder på nationer af borgerskab, øst mod vest
**La bourgeoisie se débarrasse de plus en plus de
l'éparpillement de la population**
Bourgeoisiet afskaffer mere og mere befolkningens spredte
tilstand

Il a une production agglomérée et a concentré la propriété entre quelques mains

Det har agglomereret produktion og har koncentreret ejendom på få hænder

La conséquence nécessaire de cela a été la centralisation politique

Den nødvendige konsekvens af dette var politisk centralisering

Il y avait eu des nations indépendantes et des provinces vaguement reliées entre elles

der havde været uafhængige nationer og løst forbundne provinser

Ils avaient des intérêts, des lois, des gouvernements et des systèmes d'imposition distincts

de havde særskilte interesser, love, regeringer og skattesystemer

Mais ils ont été regroupés en une seule nation, avec un seul gouvernement

men de er blevet klumpet sammen til én nation, med én regering

Ils ont maintenant un intérêt de classe national, une frontière et un tarif douanier

de har nu en national klasseinteresse, en grænse og en toldtarif

Et cet intérêt de classe national est unifié sous un seul code de loi

og denne nationale klasseinteresse er forenet under én lovsamling

la bourgeoisie a accompli beaucoup de choses au cours de son règne d'à peine cent ans

bourgeoisiet har opnået meget i løbet af sit knap hundrede års herredømme

forces productives plus massives et plus colossales que toutes les générations précédentes réunies

mere massive og kolossale produktivkræfter end alle tidligere generationer tilsammen

Les forces de la nature sont soumises à la volonté de l'homme et de ses machines

Naturens kræfter er underlagt menneskets vilje og dets maskineri

La chimie s'applique à toutes les formes d'industrie et à tous les types d'agriculture

Kemi anvendes til alle former for industri og typer af landbrug

la navigation à vapeur, les chemins de fer, les télégraphes électriques et l'imprimerie

dampfart, jernbaner, elektriske telegrafer og trykpressen

défrichement de continents entiers pour la culture, canalisation des rivières

rydning af hele kontinenter til dyrkning, kanalisering af floder

Des populations entières ont été extirpées du sol et mises au travail

hele befolkninger er blevet tryllet op af jorden og sat i arbejde

Quel siècle précédent avait ne serait-ce qu'un pressentiment de ce qui pourrait être déchaîné ?

hvilket tidligere århundrede havde overhovedet en foranelse om, hvad der kunne slippes løs?

Qui aurait prédit que de telles forces productives sommeillaient dans le giron du travail social ?

Hvem forudså, at sådanne produktivkræfter slumrede i skødet på det sociale arbejde?

Nous voyons donc que les moyens de production et d'échange ont été générés dans la société féodale

Vi ser da, at produktions- og udvekslingsmidlerne blev skabt i det feudale samfund

les moyens de production sur la base desquels la bourgeoisie s'est construite

de produktionsmidler, på hvis grundlag bourgeoisiet byggede sig selv

À un certain stade du développement de ces moyens de production et d'échange

På et vist stadium i udviklingen af disse produktions- og udvekslingsmidler

les conditions dans lesquelles la société féodale produisait et échangeait

betingelserne for det feudale samfunds produktion og udveksling af

L'organisation féodale de l'agriculture et de l'industrie manufacturière

Den feudale organisation af landbrug og fremstillingsindustri

Les rapports féodaux de propriété n'étaient plus compatibles avec les conditions matérielles

de feudale ejendomsforhold ikke længere var forenelige med de materielle betingelser

Ils devaient être brisés, alors ils ont été brisés

De måtte sprænges i stykker, så de blev sprængt i stykker

À leur place s'est ajoutée la libre concurrence des forces productives

I deres sted trådte fri konkurrence fra produktivkræfterne

et ils étaient accompagnés d'une constitution sociale et politique adaptée à celle-ci

og de blev ledsaget af en social og politisk forfatning, der var tilpasset den

et elle s'accompagnait de l'emprise économique et politique de la classe bourgeoise

og den blev ledsaget af borgerskabets økonomiske og politiske herredømme

Un mouvement similaire est en train de se produire sous nos yeux

En lignende bevægelse foregår for øjnene af os selv

La société bourgeoise moderne avec ses rapports de production, d'échange et de propriété

Det moderne borgerlige samfund med dets produktions-, bytte- og ejendomsforhold

une société qui a inventé des moyens de production et d'échange aussi gigantesques

et samfund, der har fremtryllet så gigantiske produktions- og udvekslingsmidler

C'est comme le sorcier qui a invoqué les puissances de l'au-delà

Det er som troldmanden, der kaldte kræfterne i underverdenen frem

Mais il n'est plus capable de contrôler ce qu'il a mis au monde

men han er ikke længere i stand til at kontrollere, hvad han har bragt ind i verden

Pendant de nombreuses décennies, l'histoire a été liée par un fil conducteur

I mange årtier var historien bundet sammen af en rød tråd

L'histoire de l'industrie et du commerce n'a été que l'histoire des révoltes

Industriens og handelens historie har kun været oprørets historie

Les révoltes des forces productives modernes contre les conditions modernes de production

de moderne produktivkræfters oprør mod de moderne produktionsbetingelser

Les révoltes des forces productives modernes contre les rapports de propriété

de moderne produktivkræfters oprør mod ejendomsforholdene

ces rapports de propriété sont les conditions de l'existence de la bourgeoisie

disse ejendomsforhold er betingelserne for bourgeoisiets eksistens

et l'existence de la bourgeoisie détermine les règles des rapports de propriété

og bourgeoisiets eksistens bestemmer reglerne for ejendomsforholdene

Il suffit de mentionner le retour périodique des crises commerciales

Det er nok at nævne den periodiske tilbagevenden af kommercielle kriser

chaque crise commerciale est plus menaçante pour la société bourgeoise que la précédente
hver handelskrise er mere truende for borgerskabets samfund end den forrige.

Dans ces crises, une grande partie des produits existants sont détruits
I disse kriser ødelægges en stor del af de eksisterende produkter

Mais ces crises détruisent aussi les forces productives créées précédemment
Men disse kriser ødelægger også de tidligere skabte produktivkræfter

Dans toutes les époques antérieures, ces épidémies auraient semblé une absurdité
I alle tidligere epoker ville disse epidemier have virket som en absurditet

parce que ces épidémies sont les crises commerciales de la surproduction
fordi disse epidemier er de kommercielle kriser med overproduktion

La société se trouve soudain remise dans un état de barbarie momentanée
Samfundet befinder sig pludselig i en tilstand af kortvarigt barbari

comme si une guerre universelle de dévastation avait coupé tous les moyens de subsistance
som om en universel ødelæggelseskrig havde afskåret ethvert livsfornødent subsistensmiddel

l'industrie et le commerce semblent avoir été détruits ; Et pourquoi ?
industri og handel synes at være blevet ødelagt; Og hvorfor?

Parce qu'il y a trop de civilisation et de moyens de subsistance
Fordi der er for meget civilisation og midler til underhold

et parce qu'il y a trop d'industrie et trop de commerce
og fordi der er for meget industri og for meget handel

Les forces productives à la disposition de la société ne développent plus la propriété bourgeoise

De produktivkræfter, der står til samfundets rådighed, udvikler ikke længere borgerskabets ejendom

au contraire, ils sont devenus trop puissants pour ces conditions, par lesquelles ils sont enchaînés

tværtimod er de blevet for stærke til disse forhold, som de er lænket af

dès qu'ils surmontent ces entraves, ils mettent le désordre dans toute la société bourgeoise

så snart de overvinder disse lænker, bringer de uorden ind i hele det borgerlige samfund

et les forces productives mettent en danger l'existence de la propriété bourgeoise

og produktivkræfterne bringer borgerskabets ejendomsret i fare

Les conditions de la société bourgeoise sont trop étroites pour englober les richesses qu'elles créent

Betingelserne i det borgerlige samfund er for snævre til at omfatte den rigdom, de har skabt

Et comment la bourgeoisie surmonte-t-elle ces crises ?

Og hvordan kommer borgerskabet over disse kriser?

D'une part, elle surmonte ces crises par la destruction forcée d'une masse de forces productives

På den ene side overvinder den disse kriser ved den tvungne ødelæggelse af en masse produktivkræfter

D'autre part, elle surmonte ces crises par la conquête de nouveaux marchés

På den anden side overvinder den disse kriser ved at erobre nye markeder

et elle surmonte ces crises par l'exploitation plus poussée des anciennes forces productives

og den overvinder disse kriser ved en mere grundig udnyttelse af de gamle produktivkræfter

C'est-à-dire en ouvrant la voie à des crises plus étendues et plus destructrices

Det vil sige ved at bane vejen for mere omfattende og mere destruktive kriser

elle surmonte la crise en diminuant les moyens de prévention des crises

Den overvinder krisen ved at mindske midlerne til at forebygge kriser

Les armes avec lesquelles la bourgeoisie a abattu le féodalisme sont maintenant retournées contre elle-même

De våben, hvormed bourgeoisiet fældede feudalismen til jorden, er nu vendt mod sig selv

Mais non seulement la bourgeoisie a-t-elle forgé les armes qui lui apportent la mort

Men ikke alene har borgerskabet smedet de våben, der bringer død til det selv

Il a également appelé à l'existence les hommes qui doivent manier ces armes

den har også fremkaldt de mænd, der skal bruge disse våben

Et ces hommes sont la classe ouvrière moderne ; Ce sont les prolétaires

og disse mænd er den moderne arbejderklasse; de er proletarerne

À mesure que la bourgeoisie se développe, le prolétariat se développe dans la même proportion

I samme forhold som bourgeoisiet udvikles, udvikles proletariatet i samme forhold

La classe ouvrière moderne a développé une classe d'ouvriers

Den moderne arbejderklasse udviklede en klasse af arbejdere

Cette classe d'ouvriers ne vit que tant qu'elle trouve du travail

Denne klasse af arbejdere lever kun, så længe de finder arbejde

et ils ne trouvent de travail qu'aussi longtemps que leur travail augmente le capital

og de finder kun arbejde, så længe deres arbejde øger kapitalen

Ces ouvriers, qui doivent se vendre à la pièce, sont une marchandise

Disse arbejdere, som må sælge sig selv stykkevis, er en vare

Ces ouvriers sont comme tous les autres articles de commerce

Disse arbejdere er som enhver anden handelsvare

et, par conséquent, ils sont exposés à toutes les vicissitudes de la concurrence

og de er derfor udsat for alle konkurrencens omskiftelser

Ils doivent faire face à toutes les fluctuations du marché

de er nødt til at klare alle udsving på markedet

En raison de l'utilisation intensive des machines et de la division du travail

På grund af den omfattende brug af maskiner og arbejdsdeling

Le travail des prolétaires a perdu tout caractère individuel

Proletarernes arbejde har mistet al individuel karakter

et, par conséquent, le travail des prolétaires a perdu tout charme pour l'ouvrier

og som følge heraf har proletarernes arbejde mistet al charme for arbejderen

Il devient un appendice de la machine, plutôt que l'homme qu'il était autrefois

Han bliver et vedhæng til maskinen, snarere end den mand, han engang var

On n'exige de lui que l'habileté la plus simple, la plus monotone et la plus facile à acquérir

kun den mest enkle, ensformige og lettest erhvervede evne kræves af ham

Par conséquent, le coût de production d'un ouvrier est limité

Derfor er produktionsomkostningerne for en arbejder begrænset

elle se limite presque entièrement aux moyens de subsistance dont il a besoin pour son entretien

den er næsten udelukkende begrænset til de subsistensmidler, som han har brug for til sit underhold

et elle est limitée aux moyens de subsistance dont il a besoin pour la propagation de sa race

og det er begrænset til de livsfornødenheder, som han har brug for til at udbrede sin race

Mais le prix d'une marchandise, et par conséquent aussi du travail, est égal à son coût de production

Men prisen på en vare og dermed også på arbejde er lig med dens produktionsomkostninger

C'est pourquoi, à mesure que le travail répugnant augmente, le salaire diminue

I takt med at arbejdets frastødende karakter øges, falder lønnen derfor

Bien plus, le caractère répugnant de son travail augmente à un rythme encore plus grand

Nej, frastødeligheden i hans arbejde øges endnu hurtigere

À mesure que l'utilisation des machines et la division du travail augmentent, le fardeau du labeur augmente également

Efterhånden som brugen af maskiner og arbejdsdelingen øges, øges også arbejdsbyrden

La charge de travail est augmentée par la prolongation du temps de travail

Arbejdsbyrden øges ved forlængelse af arbejdstiden

On attend plus de l'ouvrier dans le même temps qu'auparavant

Der forventes mere af arbejderen på samme tid som tidligere

Et bien sûr, le poids du labeur est augmenté par la vitesse de la machine

og selvfølgelig øges byrden af sliddet af maskineriets hastighed

L'industrie moderne a transformé le petit atelier du maître patriarcal en la grande usine du capitaliste industriel

Den moderne industri har forvandlet den patriarkalske mesters lille værksted til industrikapitalistens store fabrik

Des masses d'ouvriers, entassés dans l'usine, s'organisent comme des soldats

Masser af arbejdere, der er stuvet sammen på fabrikken, er
organiseret som soldater

**En tant que simples soldats de l'armée industrielle, ils sont
placés sous le commandement d'une hiérarchie parfaite
d'officiers et de sergents**

Som menige i industrihæren er de sat under kommando af et
perfekt hierarki af officerer og sergenter

**ils ne sont pas seulement les esclaves de la classe bourgeoise
et de l'État**

de er ikke kun slaver af borgerskabet, klassen og staten

**Mais ils sont aussi asservis quotidiennement et d'heure en
heure par la machine**

men de er også dagligt og timeligt slaver af maskinen

**ils sont asservis par le surveillant, et surtout par le fabricant
bourgeois lui-même**

de er slaver af overskueren og frem for alt af den enkelte
borgerskabsfabrikant selv

**Plus ce despotisme proclame ouvertement que le gain est sa
fin et son but, plus il est mesquin, plus haïssable et plus
aigri**

Jo mere åbent dette despoti proklamerer gevinst som dets mål
og mål, jo mere småligt, jo mere hadefuldt og jo mere bittert er
det

**Plus l'industrie moderne se développe, moins les différences
entre les sexes sont grandes**

Jo mere moderne industrien udvikler sig, desto mindre er
forskellene mellem kønnene

**Moins le travail manuel exige d'habileté et d'effort de force,
plus le travail des hommes est supplanté par celui des
femmes**

Jo mindre dygtighed og anstrengelse af kræfter der ligger i
manuelt arbejde, jo mere bliver mændenes arbejde erstattet af
kvindernes

**Les différences d'âge et de sexe n'ont plus de validité sociale
distincte pour la classe ouvrière**

Forskelle i alder og køn har ikke længere nogen særlig social gyldighed for arbejderklassen

Tous sont des instruments de travail, plus ou moins coûteux à utiliser, selon leur âge et leur sexe

Alle er arbejdsredskaber, der er mere eller mindre dyre at bruge, alt efter deres alder og køn

dès que l'ouvrier reçoit son salaire en espèces, il est attaqué par les autres parties de la bourgeoisie

så snart arbejderen får sin løn i kontanter, bliver han sat på af de andre dele af bourgeoisiet

le propriétaire, le commerçant, le prêteur sur gages, etc

udlejeren, butiksejeren, pantelåneren osv

Les couches inférieures de la classe moyenne ; les petits commerçants et les commerçants

De lavere lag af middelklassen; de små håndværkere og butiksejere

les commerçants retraités en général, et les artisans et les paysans

de pensionerede handelsmænd i almindelighed, og håndværkerne og bønderne

tout cela s'enfonce peu à peu dans le prolétariat

alt dette synker lidt efter lidt ind i proletariatet

en partie parce que leur petit capital ne suffit pas à l'échelle sur laquelle l'industrie moderne est exercée

Til dels fordi deres lille kapital ikke er tilstrækkelig til den størrelse, hvorpå den moderne industri drives

et parce qu'elle est submergée par la concurrence avec les grands capitalistes

og fordi den er oversvømmet i konkurrencen med de store kapitalister

en partie parce que leur savoir-faire spécialisé est rendu sans valeur par les nouvelles méthodes de production

Dels fordi deres specialiserede færdigheder bliver værdiløse af de nye produktionsmetoder

Ainsi le prolétariat se recrute dans toutes les classes de la population

Således rekrutteres proletariatet fra alle befolkningsklasser

Le prolétariat passe par différents stades de développement

Proletariatet gennemgår forskellige udviklingsstadier

Avec sa naissance commence sa lutte contre la bourgeoisie

Med dens fødsel begynder dens kamp mod bourgeoisiet

Dans un premier temps, la lutte est menée par des ouvriers individuels

I begyndelsen føres konkurrencen af individuelle arbejdere

Ensuite, le concours est mené par les ouvriers d'une usine

Derefter føres konkurrencen af arbejderne på en fabrik

Ensuite, la lutte est menée par les agents d'un métier, dans une localité

så føres konkurrencen af arbejdere fra et på et sted

et la lutte est alors contre la bourgeoisie individuelle qui les exploite directement

og kampen er så mod det enkelte borgerskab, der direkte udbytter dem

Ils ne dirigent pas leurs attaques contre les conditions de production de la bourgeoisie

De retter ikke deres angreb mod bourgeoisiets produktionsbetingelser

mais ils dirigent leur attaque contre les instruments de production eux-mêmes

men de retter deres angreb mod selve produktionsmidlerne

Ils détruisent les marchandises importées qui font concurrence à leur main-d'œuvre

de destruerer importerede varer, der konkurrerer med deres arbejdskraft

Ils brisent les machines et mettent le feu aux usines

De smadrer maskiner, og de sætter fabrikker i brand

ils cherchent à restaurer par la force le statut disparu de l'ouvrier du Moyen Âge

de søger med magt at genoprette den forsvundne status som middelalderens arbejdere

À ce stade, les ouvriers forment encore une masse incohérente dispersée dans tout le pays

På dette stadium udgør arbejderne endnu en usammenhængende masse, der er spredt ud over hele landet

et ils sont brisés par leur concurrence mutuelle

og de er brudt op af deres gensidige konkurrence

S'ils s'unissent quelque part pour former des corps plus compacts, ce n'est pas encore la conséquence de leur propre union active

Hvis de noget sted forener sig for at danne mere kompakte kroppe, er det endnu ikke konsekvensen af deres egen aktive forening

mais c'est une conséquence de l'union de la bourgeoisie, d'atteindre ses propres fins politiques

men det er en konsekvens af bourgeoisiets forening for at nå sine egne politiske mål

la bourgeoisie est obligée de mettre en mouvement tout le prolétariat

bourgeoisiet er tvunget til at sætte hele proletariatet i bevægelse

et d'ailleurs, pour un temps, la bourgeoisie est capable de le faire

og desuden er bourgeoisiet for en tid i stand til at gøre det

À ce stade, les prolétaires ne combattent donc pas leurs ennemis

På dette stadium bekæmper proletarerne derfor ikke deres fjender

mais au lieu de cela, ils combattent les ennemis de leurs ennemis

men i stedet kæmper de mod deres fjenders fjender

La lutte contre les vestiges de la monarchie absolue et les propriétaires terriens

kampen mod resterne af enevælden og godsejerne

ils combattent la bourgeoisie non industrielle ; la petite bourgeoisie

de bekæmper det ikke-industrielle borgerskab; småborgerskabet

Ainsi tout le mouvement historique est concentré entre les mains de la bourgeoisie
Således er hele den historiske bevægelse koncentreret i bourgeoisiets hænder

chaque victoire ainsi obtenue est une victoire pour la bourgeoisie
enhver sejr, der opnås på denne måde, er en sejr for bourgeoisiet

Mais avec le développement de l'industrie, le prolétariat ne se contente pas d'augmenter en nombre
Men med industriens udvikling vokser proletariatet ikke blot i antal

le prolétariat se concentre en masses plus grandes et sa force s'accroît
proletariatet bliver koncentreret i større masser, og dets styrke vokser

et le prolétariat ressent de plus en plus cette force
og proletariatet føler denne styrke mere og mere

Les divers intérêts et conditions de vie dans les rangs du prolétariat sont de plus en plus égalisés
De forskellige interesser og livsbetingelser inden for proletariatets rækker bliver mere og mere ligestillet

elles deviennent plus proportionnelles à mesure que les machines effacent toutes les distinctions de travail
de bliver mere proportionelle, efterhånden som maskineriet udsletter alle forskelle i arbejdet

et les machines réduisent presque partout les salaires au même bas niveau
og maskiner næsten overalt sænker lønningerne til det samme lave niveau

La concurrence croissante entre la bourgeoisie et les crises commerciales qui en résultent rendent les salaires des ouvriers de plus en plus fluctuants
Den voksende konkurrence mellem bourgeoisiet og de deraf følgende handelskriser gør arbejdernes lønninger stadig mere svingende

L'amélioration incessante des machines, qui se développe de plus en plus rapidement, rend leurs moyens d'existence de plus en plus précaires

Den uophørlige forbedring af maskinerne, der udvikler sig stadig hurtigere, gør deres levebrød mere og mere usikkert

les collisions entre les ouvriers individuels et la bourgeoisie individuelle prennent de plus en plus le caractère de collisions entre deux classes

sammenstødene mellem de enkelte arbejdere og det individuelle bourgeoisi får mere og mere karakter af sammenstød mellem to klasser

Là-dessus, les ouvriers commencent à former des associations (syndicats) contre la bourgeoisie

Derpå begynder arbejderne at danne kombinationer (fagforeninger) mod bourgeoisiet

Ils s'associent pour maintenir le taux des salaires

de slår sig sammen for at holde lønningerne oppe

Ils fondèrent des associations permanentes afin de pourvoir à l'avance à ces révoltes occasionnelles

de dannede permanente sammenslutninger for på forhånd at sørge for disse lejlighedsvise opstande

Ici et là, la lutte éclate en émeutes

Her og der bryder kampen ud i optøjer

De temps en temps, les ouvriers sont victorieux, mais seulement pour un temps

Af og til sejrer arbejderne, men kun for en tid

Le vrai fruit de leurs luttes n'est pas dans le résultat immédiat, mais dans l'union toujours plus grande des travailleurs

Den virkelige frugt af deres kampe ligger ikke i det umiddelbare resultat, men i den stadigt voksende forening af arbejderne

Cette union est favorisée par les moyens de communication améliorés créés par l'industrie moderne

Denne fagforening hjælpes videre af de forbedrede kommunikationsmidler, der skabes af den moderne industri

La communication moderne met en contact les travailleurs de différentes localités les uns avec les autres

moderne kommunikation sætter arbejdere fra forskellige lokaliteter i kontakt med hinanden

C'était précisément ce contact qui était nécessaire pour centraliser les nombreuses luttes locales en une lutte nationale entre les classes

Det var netop denne kontakt, der var nødvendig for at centralisere de mange lokale kampe til en national kamp mellem klasserne

Toutes ces luttes sont du même caractère, et toute lutte de classe est une lutte politique

Alle disse kampe er af samme karakter, og enhver klassekamp er en politisk kamp

les bourgeois du moyen âge, avec leurs misérables routes, mettaient des siècles à former leurs syndicats

Middelalderens borgere med deres elendige veje krævede århundreder for at danne deres foreninger

Les prolétaires modernes, grâce aux chemins de fer, réalisent leurs syndicats en quelques années

De moderne proletarer opnår takket være jernbanerne deres foreninger i løbet af få år

Cette organisation des prolétaires en classe les a donc formés en parti politique

Denne organisering af proletarerne i en klasse dannede dem derfor til et politisk parti

La classe politique est continuellement bouleversée par la concurrence entre les travailleurs eux-mêmes

Den politiske klasse bliver igen og igen oprørt af konkurrencen mellem arbejderne selv

Mais la classe politique continue de se soulever, plus forte, plus ferme, plus puissante

Men den politiske klasse fortsætter med at rejse sig igen, stærkere, fastere, mægtigere

Elle oblige la législation à reconnaître les intérêts particuliers des travailleurs

Den tvinger til lovgivningsmæssig anerkendelse af arbejdstagernes særlige interesser

il le fait en profitant des divisions au sein de la bourgeoisie elle-même

det gør det ved at drage fordel af splittelsen inden for bourgeoisiet selv

C'est ainsi qu'en Angleterre fut promulguée la loi sur les dix heures

Således blev ti-timers-loven i England sat i kraft

à bien des égards, les collisions entre les classes de l'ancienne société sont en outre le cours du développement du prolétariat

på mange måder er sammenstødene mellem klasserne i det gamle samfund yderligere proletariatets udviklingsforløb

La bourgeoisie se trouve engagée dans une bataille de tous les instants

Bourgeoisiet befinder sig i en konstant kamp

Dans un premier temps, il se trouvera impliqué dans une bataille constante avec l'aristocratie

I begyndelsen vil den finde sig selv involveret i en konstant kamp med aristokratiet

plus tard, elle se trouvera engagée dans une lutte constante avec ces parties de la bourgeoisie elle-même

senere vil det finde sig selv involveret i en konstant kamp med disse dele af bourgeoisiet selv

et leurs intérêts seront devenus antagonistes au progrès de l'industrie

og deres interesser vil være blevet fjendtlige over for industriens fremskridt

à tout moment, leurs intérêts seront devenus antagonistes avec la bourgeoisie des pays étrangers

til alle tider vil deres interesser være blevet fjendtlige med borgerskabet i fremmede lande

Dans toutes ces batailles, elle se voit obligée de faire appel au prolétariat et lui demande son aide

I alle disse kampe ser det sig nødsaget til at appellere til proletariatet og beder om dets hjælp

Et ainsi, il se sentira obligé de l'entraîner dans l'arène politique

og derfor vil den føle sig tvunget til at trække den ind på den politiske arena

C'est pourquoi la bourgeoisie elle-même fournit au prolétariat ses propres instruments d'éducation politique et générale

Bourgeoisiet selv forsyner derfor proletariatet med sine egne instrumenter til politisk og almindelig opdragelse

c'est-à-dire qu'il fournit au prolétariat des armes pour combattre la bourgeoisie

med andre ord, den forsyner proletariatet med våben til at bekæmpe bourgeoisiet

De plus, comme nous l'avons déjà vu, des sections entières des classes dominantes sont précipitées dans le prolétariat

Som vi allerede har set, er desuden hele dele af de herskende klasser styrtet ind i proletariatet

le progrès de l'industrie les aspire dans le prolétariat

industriens fremskridt suger dem ind i proletariatet

ou, du moins, ils sont menacés dans leurs conditions d'existence

eller i det mindste er de truet i deres eksistensbetingelser

Ceux-ci fournissent également au prolétariat de nouveaux éléments d'illumination et de progrès

Disse forsyner også proletariatet med nye elementer af oplysning og fremskridt

Enfin, à l'approche de l'heure décisive de la lutte des classes

Endelig, i tider, hvor klassekampen nærmer sig den afgørende time

le processus de dissolution en cours au sein de la classe dirigeante

den opløsningsproces, der foregår inden for den herskende klasse

En fait, la dissolution en cours au sein de la classe dirigeante se fera sentir dans toute la société

Faktisk vil den opløsning, der finder sted inden for den herskende klasse, kunne mærkes inden for hele samfundet

Il prendra un caractère si violent et si flagrant qu'une petite partie de la classe dirigeante se laissera aller à la dérive

den vil antage en så voldelig, iøjnefaldende karakter, at en lille del af den herskende klasse skærer sig selv på afveje

et que la classe dirigeante rejoindra la classe révolutionnaire

og den herskende klasse vil slutte sig til den revolutionære klasse

La classe révolutionnaire étant la classe qui tient l'avenir entre ses mains

den revolutionære klasse er den klasse, der holder fremtiden i sine hænder

Comme à une époque antérieure, une partie de la noblesse passa dans la bourgeoisie

Ligesom i en tidligere periode gik en del af adelen over til bourgeoisiet

de la même manière qu'une partie de la bourgeoisie passera au prolétariat

på samme måde vil en del af bourgeoisiet gå over til proletariatet

en particulier, une partie de la bourgeoisie passera à une partie des idéologues de la bourgeoisie

især vil en del af bourgeoisiet gå over til en del af bourgeoisiets ideologer

Des idéologues bourgeois qui se sont élevés au niveau de la compréhension théorique du mouvement historique dans son ensemble

Borgerskabsideologer, der har hævet sig selv til det niveau, at de teoretisk forstår den historiske bevægelse som helhed

De toutes les classes qui se trouvent aujourd'hui en face de la bourgeoisie, seule le prolétariat est une classe vraiment révolutionnaire

Af alle de klasser, der står ansigt til ansigt med bourgeoisiet i dag, er proletariatet alene en virkelig revolutionær klasse

Les autres classes se dégradent et finissent par disparaître devant l'industrie moderne

De andre klasser forfalder og forsvinder til sidst i lyset af den moderne industri

le prolétariat est son produit spécial et essentiel

proletariatet er dets særlige og væsentlige produkt

La petite bourgeoisie, le petit industriel, le commerçant, l'artisan, le paysan

Den lavere middelklasse, den lille fabrikant, butiksejeren, håndværkeren, bonden

toutes ces luttes contre la bourgeoisie

alle disse kampe mod bourgeoisiet

Ils se battent en tant que fractions de la classe moyenne pour se sauver de l'extinction

de kæmper som fraktioner af middelklassen for at redde sig selv fra udryddelse

Ils ne sont donc pas révolutionnaires, mais conservateurs

De er derfor ikke revolutionære, men konservative

Bien plus, ils sont réactionnaires, car ils essaient de faire reculer la roue de l'histoire

Nej, de er reaktionære, for de forsøger at rulle historiens hjul tilbage

Si par hasard ils sont révolutionnaires, ils ne le sont qu'en vue de leur transfert imminent dans le prolétariat

Hvis de tilfældigvis er revolutionære, så er de det kun i betragtning af deres forestående overførsel til proletariatet

Ils défendent ainsi non pas leurs intérêts présents, mais leurs intérêts futurs

De forsvarer således ikke deres nuværende, men deres fremtidige interesser

ils désertent leur propre point de vue pour se placer à celui du prolétariat

de forlader deres eget standpunkt for at placere sig på proletariatets standpunkt

La « classe dangereuse », la racaille sociale, cette masse en décomposition passive rejetée par les couches les plus basses de la vieille société

Den "farlige klasse", det sociale afskum, den passivt rådnende masse, der kastes af de laveste lag i det gamle samfund

Ils peuvent, ici et là, être entraînés dans le mouvement par une révolution prolétarienne

de kan her og der blive fejet ind i bevægelsen af en proletarisk revolution

Ses conditions de vie, cependant, le préparent beaucoup plus au rôle d'instrument soudoyé de l'intrigue réactionnaire

Dens livsbetingelser forbereder den imidlertid langt mere til rollen som et bestukket redskab for reaktionære intriger

Dans les conditions du prolétariat, ceux de l'ancienne société dans son ensemble sont déjà virtuellement submergés

Under proletariatets forhold er det gamle samfunds forhold allerede praktisk talt oversvømmet

Le prolétaire est sans propriété

Proletaren er uden ejendom

ses rapports avec sa femme et ses enfants n'ont plus rien de commun avec les relations familiales de la bourgeoisie

hans forhold til hustru og børn har ikke længere noget til fælles med bourgeoisiets familieforhold

le travail industriel moderne, la sujétion moderne au capital, la même en Angleterre qu'en France, en Amérique comme en Allemagne

moderne industriarbejde, moderne underkastelse under kapitalen, det samme i England som i Frankrig, i Amerika som i Tyskland

Sa condition dans la société l'a dépouillé de toute trace de caractère national

hans tilstand i samfundet har berøvet ham ethvert spor af national karakter

La loi, la morale, la religion, sont pour lui autant de préjugés bourgeois

Lov, moral, religion er for ham så mange borgerlige fordomme
**et derrière ces préjugés se cachent en embuscade autant
d'intérêts bourgeois**
og bag disse fordomme lurer i baghold lige så mange
borgerlige interesser
**Toutes les classes précédentes, qui ont pris le dessus, ont
cherché à fortifier leur statut déjà acquis**
Alle de foregående klasser, der fik overtaget, søgte at befæste
deres allerede erhvervede status
**Ils l'ont fait en soumettant la société dans son ensemble à
leurs conditions d'appropriation**
Det gjorde de ved at underkaste samfundet som helhed deres
tilegnelsesbetingelser
**Les prolétaires ne peuvent pas devenir maîtres des forces
productives de la société**
Proletarerne kan ikke blive herrer over samfundets
produktivkræfter
**elle ne peut le faire qu'en abolissant son propre mode
d'appropriation antérieur**
Det kan den kun gøre ved at afskaffe deres egen tidligere
tilegnelsesmåde
**et par là même elle abolit tout autre mode d'appropriation
antérieur**
og derved afskaffer den også alle andre tidligere måder at
tilegne sig på
Ils n'ont rien à eux pour s'assurer et se fortifier
De har intet af deres eget at sikre og befæste
**Leur mission est de détruire toutes les sûretés antérieures et
les assurances de biens individuels**
deres mission er at destruere alle tidligere sikkerhedsstillelser
for og forsikringer af individuel ejendom
**Tous les mouvements historiques antérieurs étaient des
mouvements de minorités**
Alle tidligere historiske bevægelser var bevægelser af
minoriteter

ou bien il s'agissait de mouvements dans l'intérêt des minorités

eller de var bevægelser i mindretals interesse

Le mouvement prolétarien est le mouvement conscient et indépendant de l'immense majorité

Den proletariske bevægelse er det uhyre flertals selvbevidste, uafhængige bevægelse

Et c'est un mouvement dans l'intérêt de l'immense majorité

og det er en bevægelse i det uhyre flertals interesse

Le prolétariat, couche la plus basse de notre société actuelle

Proletariatet, det laveste lag i vort nuværende samfund

elle ne peut ni s'agiter ni s'élever sans que toutes les couches supérieures de la société officielle ne soient soulevées en l'air

den kan ikke røre sig eller rejse sig, uden at hele det officielle samfunds overordnede lag springer op i luften

Loin d'être dans le fond, mais dans la forme, la lutte du prolétariat contre la bourgeoisie est d'abord une lutte nationale

Skønt den ikke er indholdsmæssig, så er proletariatets kamp mod bourgeoisiet i begyndelsen en national kamp

Le prolétariat de chaque pays doit, bien entendu, régler d'abord ses affaires avec sa propre bourgeoisie

Proletariatet i hvert land må naturligvis først og fremmest afgøre sagen med sit eget bourgeoisi

En décrivant les phases les plus générales du développement du prolétariat, nous avons retracé la guerre civile plus ou moins voilée

Ved at skildre de mest generelle faser af proletariatets udvikling sporede vi den mere eller mindre tilslørede borgerkrig

Ce civil fait rage au sein de la société existante

Denne civile raser i det eksisterende samfund

Elle fera rage jusqu'au point où cette guerre éclatera en révolution ouverte

den vil rase indtil det punkt, hvor krigen bryder ud i åben
revolution

**et alors le renversement violent de la bourgeoisie jette les
bases de l'emprise du prolétariat**

og så lægger den voldelige omstyrtelse af bourgeoisiet
grunden til proletariatets herredømme

**Jusqu'à présent, toute forme de société a été fondée, comme
nous l'avons déjà vu, sur l'antagonisme des classes
oppressives et opprimées**

Hidtil har enhver form for samfund, som vi allerede har set,
været baseret på modsætningen mellem undertrykkende og
undertrykte klasser

**Mais pour opprimer une classe, il faut lui assurer certaines
conditions**

Men for at undertrykke en klasse må visse betingelser sikres
den

**La classe doit être maintenue dans des conditions dans
lesquelles elle peut, au moins, continuer son existence
servile**

klassen skal holdes under forhold, hvor den i det mindste kan
fortsætte sin slaviske tilværelse

**Le serf, à l'époque du servage, s'élevait lui-même au rang
d'adhérent à la commune**

Den livegne ophøjede sig i livegenskabsperioden til
medlemskab af kommunen

**de même que la petite bourgeoisie, sous le joug de
l'absolutisme féodal, a réussi à se développer en bourgeoisie**

ligesom småborgerskabet under den feudale absolutismes åg
formåede at udvikle sig til et bourgeoisi

**L'ouvrier moderne, au contraire, au lieu de s'élever avec les
progrès de l'industrie, s'enfonce de plus en plus
profondément**

Den moderne arbejder derimod synker dybere og dybere i
stedet for at stige med industriens fremskridt

**il s'enfonce au-dessous des conditions d'existence de sa
propre classe**

han synker under sin egen klasses eksistensbetingelser

Il devient pauvre, et le paupérisme se développe plus rapidement que la population et la richesse

Han bliver en fattiglem, og fattigdommen udvikler sig hurtigere end befolkning og rigdom

Et c'est là qu'il devient évident que la bourgeoisie n'est plus apte à être la classe dominante dans la société

Og her bliver det klart, at bourgeoisiet ikke længere er egnet til at være den herskende klasse i samfundet

et elle n'est pas digne d'imposer ses conditions d'existence à la société comme une loi prépondérante

og det er uegnet at påtvinge samfundet sine eksistensbetingelser som en overordnet lov

Il est inapte à gouverner parce qu'il est incompétent pour assurer une existence à son esclave dans son esclavage

Den er uegnet til at regere, fordi den er inkompetent til at sikre sin slave en eksistens i sit slaveri

parce qu'il ne peut s'empêcher de le laisser sombrer dans un tel état, qu'il doit le nourrir, au lieu d'être nourri par lui

fordi den ikke kan lade ham synke ned i en sådan tilstand, at den må fodre ham i stedet for at blive fodret af ham

La société ne peut plus vivre sous cette bourgeoisie

Samfundet kan ikke længere leve under dette bourgeoisi

En d'autres termes, son existence n'est plus compatible avec la société

Med andre ord er dens eksistens ikke længere forenelig med samfundet

La condition essentielle de l'existence et de l'influence de la classe bourgeoise est la formation et l'accroissement du capital

Den væsentlige betingelse for bourgeoisiets klasses eksistens og herravälde er kapitalens dannelse og forøgelse

La condition du capital, c'est le salariat-travail

Kapitalens betingelse er lønarbejde

Le travail salarié repose exclusivement sur la concurrence entre les travailleurs

Lønarbejdet hviler udelukkende på konkurrencen mellem
arbejderne

**Le progrès de l'industrie, dont le promoteur involontaire est
la bourgeoisie, remplace l'isolement des ouvriers**

Industriens fremskridt, hvis ufrivillige fortaler er bourgeoisiet,
erstatter arbejdernes isolation

**en raison de la concurrence, en raison de leur combinaison
révolutionnaire, en raison de l'association**

på grund af konkurrence, på grund af deres revolutionære
kombination, på grund af

**Le développement de l'industrie moderne lui coupe sous les
pieds les fondements mêmes sur lesquels la bourgeoisie
produit et s'approprie les produits**

Den moderne industris udvikling skærer selve grundlaget for
bourgeoisiets produktion og tilegner sig produkter under dens
fødder

**Ce que la bourgeoisie produit avant tout, ce sont ses propres
fossoyeurs**

Det, bourgeoisiet frembringer, er frem for alt sine egne gravere

**La chute de la bourgeoisie et la victoire du prolétariat sont
également inévitables**

Bourgeoisiets fald og proletariatets sejr er lige så uundgåelige

Prolétaires et communistes
Proletarer og kommunister

Quel est le rapport des communistes vis-à-vis de l'ensemble des prolétaires ?

I hvilket forhold står kommunisterne til proletarerne som helhed?

Les communistes ne forment pas un parti séparé opposé aux autres partis de la classe ouvrière

Kommunisterne danner ikke et særskilt parti i modsætning til andre arbejderpartier

Ils n'ont pas d'intérêts séparés de ceux du prolétariat dans son ensemble

De har ingen interesser, der er adskilt fra og adskilt fra proletariatets interesser som helhed

Ils n'établissent pas de principes sectaires qui leur soient propres pour façonner et modeler le mouvement prolétarien

De opstiller ikke deres egne sekteriske principper, hvormed de kan forme og forme den proletariske bevægelse

Les communistes ne se distinguent des autres partis ouvriers que par deux choses

Kommunisterne adskiller sig kun fra de andre arbejderpartier ved to ting

Premièrement, ils signalent et mettent en avant les intérêts communs de l'ensemble du prolétariat, indépendamment de toute nationalité

For det første peger de på og bringer hele proletariatets fælles interesser i forgrunden, uafhængigt af enhver nationalitet

C'est ce qu'ils font dans les luttes nationales des prolétaires des différents pays

Dette gør de i de forskellige landes proletarers nationale kampe

Deuxièmement, ils représentent toujours et partout les intérêts du mouvement dans son ensemble

For det andet repræsenterer de altid og overalt bevægelsens interesser som helhed

c'est ce qu'ils font dans les différents stades de
développement par lesquels doit passer la lutte de la classe
ouvrière contre la bourgeoisie

dette gør de på de forskellige udviklingstrin, som
arbejderklassens kamp mod bourgeoisiet skal igennem

**Les communistes sont donc, d'une part, pratiquement, la
section la plus avancée et la plus résolue des partis ouvriers
de tous les pays**

Kommunisterne er derfor på den ene side praktisk talt den
mest fremskredne og beslutsomme del af arbejderpartierne i
ethvert land

**Ils sont cette section de la classe ouvrière qui pousse en
avant toutes les autres**

de er den del af arbejderklassen, der skubber alle andre frem

**Théoriquement, ils ont aussi l'avantage de bien comprendre
la ligne de marche**

Teoretisk set har de også den fordel, at de klart forstår
marchlinjen

**C'est ce qu'ils comprennent mieux par rapport à la grande
masse du prolétariat**

Dette forstår de bedre sammenlignet med proletariatets store
masse

**Ils comprennent les conditions et les résultats généraux
ultimes du mouvement prolétarien**

De forstår den proletariske bevægelses betingelser og endelige
almene resultater

**Le but immédiat du Parti communiste est le même que celui
de tous les autres partis prolétariens**

Det kommunistiske umiddelbare mål er det samme som alle
de andre proletariske partiers

Leur but est la formation du prolétariat en classe

deres mål er at forme proletariatet til en klasse

ils visent à renverser la suprématie de la bourgeoisie

de sigter mod at vælte borgerskabets overherredømme

la conquête du pouvoir politique par le prolétariat

stræben efter proletariatets erobring af den politiske magt

Les conclusions théoriques des communistes ne sont nullement basées sur des idées ou des principes de réformateurs

Kommunisternes teoretiske konklusioner er på ingen måde baseret på reformatorernes ideer eller principper

ce ne sont pas des prétendus réformateurs universels qui ont inventé ou découvert les conclusions théoriques des communistes

det var ikke potentielle universelle reformatorer, der opfandt eller opdagede kommunisternes teoretiske konklusioner

Ils ne font qu'exprimer, en termes généraux, des rapports réels qui naissent d'une lutte de classe existante

De udtrykker blot i generelle vendinger faktiske forhold, der udspringer af en eksisterende klassekamp

Et ils décrivent le mouvement historique qui se déroule sous nos yeux et qui a créé cette lutte des classes

og de beskriver den historiske bevægelse, der foregår for øjnene af os, og som har skabt denne klassekamp

L'abolition des rapports de propriété existants n'est pas du tout un trait distinctif du communisme

Afskaffelsen af de eksisterende ejendomsforhold er slet ikke et karakteristisk træk ved kommunismen

Dans le passé, toutes les relations de propriété ont été continuellement sujettes à des changements historiques

Alle ejendomsforhold i fortiden har konstant været genstand for historiske ændringer

et ces changements ont été consécutifs au changement des conditions historiques

og disse ændringer var en konsekvens af ændringen i de historiske forhold

La Révolution française, par exemple, a aboli la propriété féodale au profit de la propriété bourgeoise

Den franske revolution afskaffede f.eks. feudal ejendom til fordel for borgerskabets ejendom

Le trait distinctif du communisme n'est pas l'abolition de la propriété, en général

Kommunismens særlige træk er ikke afskaffelsen af
ejendomsretten i almindelighed

**mais le trait distinctif du communisme, c'est l'abolition de la
propriété bourgeoise**

men kommunismens kendetegn er afskaffelsen af
borgerskabets ejendom

**Mais la propriété privée de la bourgeoisie moderne est
l'expression ultime et la plus complète du système de
production et d'appropriation des produits**

Men det moderne bourgeoisis privatejendom er det endelige
og mest fuldstændige udtryk for systemet med at producere
og tilegne sig produkter

**C'est l'état final d'un système basé sur les antagonismes de
classe, où l'antagonisme de classe est l'exploitation du plus
grand nombre par quelques-uns**

Det er den endelige tilstand af et system, der er baseret på
klassemodsætninger, hvor klassemodsætninger er de fås
udbytning af de mange

**En ce sens, la théorie des communistes peut se résumer en
une seule phrase ; l'abolition de la propriété privée**

I denne forstand kan kommunisternes teori opsummeres i en
enkelt sætning; afskaffelse af privat ejendomsret

**On nous a reproché, à nous communistes, de vouloir abolir
le droit d'acquérir personnellement des biens**

Vi kommunister er blevet bebrejdet ønsket om at afskaffe
retten til personligt at erhverve ejendom

**On prétend que cette propriété est le fruit du travail de
l'homme**

Det hævdes, at denne egenskab er frugten af et menneskes
eget arbejde

**et cette propriété est censée être le fondement de toute
liberté, de toute activité et de toute indépendance
individuelles.**

og denne ejendom påstås at være grundlaget for al personlig
frihed, aktivitet og uafhængighed.

« Propriété durement gagnée, auto-acquise, auto-gagnée ! »

"Hårdt vundet, selverhvervet, selvfortjent ejendom!"
Voulez-vous dire la propriété du petit artisan et du petit paysan ?
Mener du småhåndværkerens og småbondens ejendom?
Voulez-vous parler d'une forme de propriété qui a précédé la forme bourgeoise ?
Mener du en form for ejendom, der gik forud for borgerskabsformen?
Il n'est pas nécessaire de l'abolir, le développement de l'industrie l'a déjà détruit dans une large mesure
Det er der ingen grund til at afskaffe, industriens udvikling har i vid udstrækning allerede ødelagt den
et le développement de l'industrie continue de la détruire chaque jour
og udviklingen af industrien ødelægger den stadig dagligt
Ou voulez-vous parler de la propriété privée de la bourgeoisie moderne ?
Eller mener du det moderne borgerskab med privat ejendom?
Mais le travail salarié crée-t-il une propriété pour l'ouvrier ?
Men skaber lønarbejdet nogen ejendom for arbejderen?
Non, le travail salarié ne crée pas une parcelle de ce genre de propriété !
Nej, lønarbejde skaber ikke en smule af denne slags ejendom!
Ce que le travail salarié crée, c'est du capital ; ce genre de propriété qui exploite le travail salarié
Det, som lønarbejdet skaber, er kapital; den slags ejendom, der udnytter lønarbejde
Le capital ne peut s'accroître qu'à la condition d'engendrer une nouvelle offre de travail salarié pour une nouvelle exploitation
Kapitalen kan ikke vokse, medmindre den frembringer et nyt udbud af lønarbejde til ny udbytning
La propriété, dans sa forme actuelle, est fondée sur l'antagonisme du capital et du salariat
Ejendom i sin nuværende form er baseret på modsætningen mellem kapital og lønarbejde

Examinons les deux côtés de cet antagonisme

Lad os undersøge begge sider af denne antagonisme

Être capitaliste, ce n'est pas seulement avoir un statut purement personnel

At være kapitalist er ikke kun at have en rent personlig status

Au contraire, être capitaliste, c'est aussi avoir un statut social dans la production

I stedet er det at være kapitalist også at have en social status i produktionen

parce que le capital est un produit collectif ; Ce n'est que par l'action unie de nombreux membres qu'elle peut être mise en branle

fordi kapital er et kollektivt produkt; Kun ved en fælles indsats fra mange medlemmer kan den sættes i gang

Mais cette action unie n'est qu'un dernier recours, et nécessite en fait tous les membres de la société

men denne forenede aktion er en sidste udvej og kræver faktisk alle medlemmer af samfundet

Le capital est converti en propriété de tous les membres de la société

Kapital bliver omdannet til alle samfundsmedlemmers ejendom

mais le Capital n'est donc pas une puissance personnelle ; c'est un pouvoir social

men Kapitalen er derfor ikke en personlig magt; det er en social magt

Ainsi, lorsque le capital est converti en propriété sociale, la propriété personnelle n'est pas pour autant transformée en propriété sociale

Når kapitalen således omdannes til samfundsmæssig ejendom, bliver den personlige ejendom ikke derved forvandlet til samfundsmæssig ejendom

Ce n'est que le caractère social de la propriété qui est modifié et qui perd son caractère de classe

Det er kun ejendommens sociale karakter, der forandres og mister sin klassekarakter

Regardons maintenant le travail salarié

Lad os nu se på lønarbejdet

Le prix moyen du salariat est le salaire minimum, c'est-à-dire le quantum des moyens de subsistance

Lønarbejdets gennemsnitspris er mindstelønnen, dvs. den mængde af livsfornødenhederne

Ce salaire est absolument nécessaire dans la simple existence d'un ouvrier

Denne løn er absolut nødvendig i den blotte eksistens som arbejder

Ce que le salarié s'approprie par son travail ne suffit donc qu'à prolonger et à reproduire une existence nue

Hvad lønarbejderen altså tilegner sig ved hjælp af sit arbejde, er kun tilstrækkeligt til at forlænge og reproducere en nøgtern tilværelse

Nous n'avons nullement l'intention d'abolir cette appropriation personnelle des produits du travail

Vi har på ingen måde til hensigt at afskaffe denne personlige tilegnelse af arbejdsprodukterne

une appropriation qui est faite pour le maintien et la reproduction de la vie humaine

en bevilling, der er afsat til opretholdelse og reproduktion af menneskeliv

Une telle appropriation personnelle des produits du travail ne laisse pas de surplus pour commander le travail d'autrui

En sådan personlig tilegnelse af arbejdsprodukterne efterlader intet overskud til at beordre andres arbejde

Tout ce que nous voulons supprimer, c'est le caractère misérable de cette appropriation

Alt, hvad vi ønsker at afskaffe, er den elendige karakter af denne tilegnelse

l'appropriation dont vit l'ouvrier dans le seul but d'augmenter son capital

den tilegnelse, som arbejderen lever af, blot for at forøge kapitalen

Il n'est autorisé à vivre que dans la mesure où l'intérêt de la classe dominante l'exige

han får kun lov til at leve, for så vidt som den herskende klasses interesser kræver det

Dans la société bourgeoise, le travail vivant n'est qu'un moyen d'augmenter le travail accumulé

I borgerskabets samfund er levende arbejde kun et middel til at øge det akkumulerede arbejde

Dans la société communiste, le travail accumulé n'est qu'un moyen d'élargir, d'enrichir, de promouvoir l'existence de l'ouvrier

I det kommunistiske samfund er akkumuleret arbejde kun et middel til at udvide, til at berige og fremme arbejderens eksistens

C'est pourquoi, dans la société bourgeoise, le passé domine le présent

I det borgerlige samfund dominerer fortiden derfor nutiden

dans la société communiste, le présent domine le passé

i det kommunistiske samfund dominerer nutiden fortiden

Dans la société bourgeoise, le capital est indépendant et a une individualité

I borgerskabets samfund er kapitalen uafhængig og har individualitet

Dans la société bourgeoise, la personne vivante est dépendante et n'a pas d'individualité

I borgerskabets samfund er det levende menneske afhængig og har ingen individualitet

Et l'abolition de cet état de choses est appelée par la bourgeoisie l'abolition de l'individualité et de la liberté !

Og afskaffelsen af denne tingenes tilstand kaldes af bourgeoisiet afskaffelse af individualitet og frihed!

Et c'est à juste titre qu'on l'appelle l'abolition de l'individualité et de la liberté !

Og det kaldes med rette afskaffelse af individualitet og frihed!

Le communisme vise à l'abolition de l'individualité bourgeoise

Kommunismen sigter mod afskaffelsen af borgerskabets individualitet

Le communisme veut l'abolition de l'indépendance de la bourgeoisie

Kommunismen har til hensigt at afskaffe borgerskabets uafhængighed

La liberté de la bourgeoisie est sans aucun doute ce que vise le communisme

Borgerskabets frihed er utvivlsomt, hvad kommunismen sigter mod

dans les conditions actuelles de production de la bourgeoisie, la liberté signifie le libre-échange, la liberté de vendre et d'acheter

under de nuværende borgerlige produktionsbetingelser betyder frihed frihandel, frit salg og køb

Mais si la vente et l'achat disparaissent, la vente et l'achat gratuits disparaissent également

Men hvis salg og køb forsvinder, forsvinder også frit salg og køb

Les « paroles courageuses » de la bourgeoisie sur la vente et l'achat libres n'ont qu'un sens limité

"modige ord" fra borgerskabet om frit salg og køb har kun betydning i begrænset forstand

Ces mots n'ont de sens que par opposition à la vente et à l'achat restreints

Disse ord har kun betydning i modsætning til begrænset salg og køb

et ces mots n'ont de sens que lorsqu'ils s'appliquent aux marchands enchaînés du moyen âge

og disse ord har kun betydning, når de anvendes om middelalderens lænkede handelsmænd

et cela suppose que ces mots aient même un sens dans un sens bourgeois

og det forudsætter, at disse ord endda har betydning i borgerlig forstand

mais ces mots n'ont aucun sens lorsqu'ils sont utilisés pour s'opposer à l'abolition communiste de l'achat et de la vente

men disse ord har ingen betydning, når de bruges til at modsætte sig den kommunistiske afskaffelse af køb og salg

les mots n'ont pas de sens lorsqu'ils sont utilisés pour s'opposer à l'abolition des conditions de production de la bourgeoisie

ordene har ingen betydning, når de bruges til at modsætte sig, at borgerskabets produktionsbetingelser afskaffes

et ils n'ont aucun sens lorsqu'ils sont utilisés pour s'opposer à l'abolition de la bourgeoisie elle-même

og de har ingen mening, når de bruges til at modsætte sig, at borgerskabet selv bliver afskaffet

Vous êtes horrifiés par notre intention d'en finir avec la propriété privée

Du er forfærdet over, at vi har til hensigt at afskaffe privat ejendom

Mais dans votre société actuelle, la propriété privée est déjà abolie pour les neuf dixièmes de la population

Men i jeres nuværende samfund er den private ejendomsret allerede afskaffet for ni tiendedele af befolkningen

L'existence d'une propriété privée pour quelques-uns est uniquement due à sa non-existence entre les mains des neuf dixièmes de la population

eksistensen af privat ejendom for de få skyldes udelukkende, at den ikke eksisterer i hænderne på ni tiendedele af befolkningen

Vous nous reprochez donc d'avoir l'intention de supprimer une forme de propriété

Du bebrejder os derfor, at vi har til hensigt at afskaffe en form for ejendom

Mais la propriété privée nécessite l'inexistence de toute propriété pour l'immense majorité de la société

men privat ejendom nødvendiggør, at det overvældende flertal af samfundet ikke eksisterer nogen ejendom

En un mot, vous nous reprochez d'avoir l'intention de vous débarrasser de vos biens

Med ét ord bebrejder du os, at vi har til hensigt at afskaffe din ejendom

Et c'est précisément le cas ; se débarrasser de votre propriété est exactement ce que nous avons l'intention de faire

Og det er netop sådan; at gøre op med din ejendom er lige, hvad vi har til hensigt

À partir du moment où le travail ne peut plus être converti en capital, en argent ou en rente

Fra det øjeblik, hvor arbejdet ikke længere kan omsættes til kapital, penge eller jordrente

quand le travail ne peut plus être converti en un pouvoir social monopolisé

når arbejdet ikke længere kan omdannes til en social magt, der kan monopoliseres

à partir du moment où la propriété individuelle ne peut plus être transformée en propriété bourgeoise

fra det øjeblik, hvor individuel ejendom ikke længere kan forvandles til borgerskab

à partir du moment où la propriété individuelle ne peut plus être transformée en capital

fra det øjeblik, hvor den individuelle ejendom ikke længere kan omdannes til kapital

À partir de ce moment-là, vous dites que l'individualité s'évanouit

fra det øjeblik siger du, at individualiteten forsvinder

Vous devez donc avouer que par « individu » vous n'entendez personne d'autre que la bourgeoisie

De må derfor tilstå, at De med »individ« ikke mener nogen anden person end bourgeoisiet

Vous devez avouer qu'il s'agit spécifiquement du propriétaire de la classe moyenne

Du må indrømme, at det specifikt refererer til middelklassens ejer af ejendom

Cette personne doit, en effet, être balayée et rendue impossible

Denne person må virkelig fejes af vejen og gøres umulig

Le communisme ne prive personne du pouvoir de s'approprier les produits de la société

Kommunismen berøver intet menneske magten til at tilegne sig samfundets produkter

tout ce que fait le communisme, c'est de le priver du pouvoir de subjuguer le travail d'autrui au moyen d'une telle appropriation

alt, hvad kommunismen gør, er at fratage ham magten til at undertvinge andres arbejde ved hjælp af en sådan tilegnelse

On a objecté qu'avec l'abolition de la propriété privée, tout travail cesserait

Det er blevet indvendt, at ved afskaffelsen af den private ejendomsret vil alt arbejde ophøre

et il est alors suggéré que la paresse universelle nous rattrapera

og det antydes derefter, at universel dovenskab vil overvælde os

D'après cela, il y a longtemps que la société bourgeoise aurait dû aller aux chiens par pure oisiveté

Ifølge dette burde det borgerlige samfund for længst være gået til hundene på grund af ren lediggang

parce que ceux de ses membres qui travaillent, n'acquièrent rien

fordi de af dens medlemmer, der arbejder, ikke erhverver noget

et ceux de ses membres qui acquièrent quoi que ce soit, ne travaillent pas

og de af dens medlemmer, der erhverver noget, ikke arbejder

L'ensemble de cette objection n'est qu'une autre expression de la tautologie

Hele denne indvending er blot endnu et udtryk for tautologien

Il ne peut plus y avoir de travail salarié quand il n'y a plus de capital

der kan ikke længere være noget lønarbejde, når der ikke længere er nogen kapital

Il n'y a pas de différence entre les produits matériels et les produits mentaux

Der er ingen forskel på materielle produkter og mentale produkter

Le communisme propose que les deux soient produits de la même manière

Kommunismen foreslår, at begge disse produceres på samme måde

mais les objections contre les modes communistes de production sont les mêmes

men indvendingerne mod de kommunistiske måder at producere disse på er de samme

pour la bourgeoisie, la disparition de la propriété de classe est la disparition de la production elle-même

For bourgeoisiet er klasseejendommens forsvinden selve produktionens forsvinden

Ainsi, la disparition de la culture de classe est pour lui identique à la disparition de toute culture

Så klassekulturens forsvinden er for ham identisk med al kulturs forsvinden

Cette culture, dont il déplore la perte, n'est pour l'immense majorité qu'un simple entraînement à agir comme une machine

Denne kultur, hvis tab han beklager, er for det store flertal blot en opdragelse til at fungere som en maskine

Les communistes ont bien l'intention d'abolir la culture de la propriété bourgeoise

Kommunisterne har i høj grad til hensigt at afskaffe kulturen med borgerskabets ejendom

Mais ne vous querellez pas avec nous tant que vous appliquez les normes de vos notions bourgeoises de liberté, de culture, de droit, etc

Men skændes ikke med os, så længe du anvender standarden
for dit borgerskabs forestillinger om frihed, kultur, lov osv
**Vos idées mêmes ne sont que le résultat des conditions de
votre production bourgeoise et de la propriété bourgeoise**
Selve dine ideer er kun en udløber af betingelserne for din
borgerlige produktion og borgerskabets ejendom
**de même que votre jurisprudence n'est que la volonté de
votre classe érigée en loi pour tous**
ligesom din retsvidenskab kun er din klasses vilje gjort til en
lov for alle
**Le caractère essentiel et l'orientation de cette volonté sont
déterminés par les conditions économiques créées par votre
classe sociale**
Den essentielle karakter og retning af denne vilje bestemmes
af de økonomiske forhold, som jeres sociale klasse skaber
**L'idée fausse égoïste qui vous pousse à transformer les
formes sociales en lois éternelles de la nature et de la raison**
Den egoistiske misforståelse, der får dig til at forvandle sociale
former til evige naturlove og fornuftslove
**les formes sociales qui découlent de votre mode de
production et de votre forme de propriété actuels**
de samfundsmæssige former, der udspringer af din
nuværende produktionsmåde og ejendomsform
**des rapports historiques qui naissent et disparaissent dans le
progrès de la production**
historiske forhold, der opstår og forsvinder i produktionens
forløb
**cette idée fausse que vous partagez avec toutes les classes
dirigeantes qui vous ont précédés**
Denne misforståelse deler du med enhver herskende klasse,
der er gået forud for dig
**Ce que vous voyez clairement dans le cas de la propriété
ancienne, ce que vous admettez dans le cas de la propriété
féodale**
Hvad du ser klart i tilfælde af gammel ejendom, hvad du
indrømmer i tilfælde af feudal ejendom

ces choses, il vous est bien entendu interdit de les admettre dans le cas de votre propre forme de propriété bourgeoise

disse ting er det naturligvis forbudt for Deres egen borgerlige ejendomsform

Abolition de la famille ! Même les plus radicaux s'enflamment devant cette infâme proposition des communistes

Afskaffelse af familien! Selv de mest radikale blusser op over dette berygtede forslag fra kommunisterne

Sur quelle base se fonde la famille actuelle, la famille bourgeoise ?

På hvilket grundlag er den nuværende familie, borgerskabsfamilien, baseret?

La fondation de la famille actuelle est basée sur le capital et le gain privé

Grundlæggelsen af den nuværende familie er baseret på kapital og privat vinding

Sous sa forme complètement développée, cette famille n'existe que dans la bourgeoisie

I sin fuldt udviklede form eksisterer denne familie kun blandt bourgeoisiet

Cet état de choses trouve son complément dans l'absence pratique de la famille chez les prolétaires

Denne tingenes tilstand finder sit supplement i det praktiske fravær af familien blandt proletarerne

Cet état de choses se retrouve dans la prostitution publique

Denne tingenes tilstand kan findes i offentlig prostitution

La famille bourgeoise disparaîtra d'office quand son effectif disparaîtra

Borgerskabets familie vil forsvinde som en selvfølge, når dens komplement forsvinder

et l'une et l'autre s'évanouiront avec la disparition du capital

og begge disse vil forsvinde med kapitalens forsvinden

Nous accusez-vous de vouloir mettre fin à l'exploitation des enfants par leurs parents ?

Beskylder du os for at ville stoppe deres forældres udnyttelse af børn?

Nous plaidons coupables de ce crime
Vi erklærer os skyldige i denne forbrydelse

Mais, direz-vous, on détruit les relations les plus sacrées, quand on remplace l'éducation à domicile par l'éducation sociale
Men, vil du sige, vi ødelægger de helligste forhold, når vi erstatter hjemmeundervisning med social opdragelse

Votre éducation n'est-elle pas aussi sociale ? Et n'est-elle pas déterminée par les conditions sociales dans lesquelles vous éduquez ?
Er din uddannelse ikke også social? Og er det ikke bestemt af de sociale forhold, du uddanner dig under?

par l'intervention, directe ou indirecte, de la société, par le biais de l'école, etc.
ved indgriben, direkte eller indirekte, af samfundet, ved hjælp af skoler osv.

Les communistes n'ont pas inventé l'intervention de la société dans l'éducation
Kommunisterne har ikke opfundet samfundets indgriben i undervisningen

ils ne cherchent qu'à modifier le caractère de cette intervention
De søger blot at ændre karakteren af dette indgreb

et ils cherchent à sauver l'éducation de l'influence de la classe dirigeante
og de søger at redde uddannelse fra den herskende klasses indflydelse

La bourgeoisie parle de la relation sacrée du parent et de l'enfant
Borgerskabet taler om det hellige forhold mellem forældre og barn

mais ce baratin sur la famille et l'éducation devient d'autant plus répugnant quand on regarde l'industrie moderne

men denne klapfælde om familien og uddannelsen bliver så meget desto mere modbydelig, når vi ser på den moderne industri

Tous les liens familiaux entre les prolétaires sont déchirés par l'industrie moderne

Alle familiebånd mellem proletarerne er revet i stykker af moderne industri

Leurs enfants sont transformés en simples objets de commerce et en instruments de travail

deres børn forvandles til simple handelsvarer og arbejdsredskaber

Mais vous, communistes, vous créeriez une communauté de femmes, crie en chœur toute la bourgeoisie

Men I kommunister ville skabe et fællesskab af kvinder, råber hele bourgeoisiet i kor

La bourgeoisie ne voit en sa femme qu'un instrument de production

Bourgeoisiet ser i sin hustru blot et produktionsredskab

Il entend dire que les instruments de production doivent être exploités par tous

Han hører, at produktionsinstrumenterne skal udnyttes af alle

et, naturellement, il ne peut arriver à aucune autre conclusion que celle d'être commun à tous retombera également sur les femmes

og naturligvis kan han ikke komme til anden konklusion, end at det at være fælles for alle også vil tilfalde kvinderne

Il ne soupçonne même pas qu'il s'agit en fait d'en finir avec le statut de la femme en tant que simple instrument de production

Han har ikke engang en mistanke om, at den egentlige pointe er at afskaffe kvinders status som rene produktionsinstrumenter

Du reste, rien n'est plus ridicule que l'indignation vertueuse de notre bourgeoisie contre la communauté des femmes

I øvrigt er intet mere latterligt end vort borgerskabs dydige indignation over kvindefællesskabet

ils prétendent qu'elle doit être établie ouvertement et officiellement par les communistes

de foregiver, at det skal være åbent og officielt etableret af kommunisterne

Les communistes n'ont pas besoin d'introduire la communauté des femmes, elle existe depuis des temps immémoriaux

Kommunisterne har ikke behov for at indføre et kvindefællesskab, det har eksisteret næsten i umindelige tider

Notre bourgeoisie ne se contente pas d'avoir à sa disposition les femmes et les filles de ses prolétaires

Bourgeoisiet er ikke tilfreds med at have deres proletarers hustruer og døtre til deres rådighed

Ils prennent le plus grand plaisir à séduire les femmes de l'autre

de finder den største fornøjelse i at forføre hinandens koner

Et cela ne parle même pas des prostituées ordinaires

og det er ikke engang at tale om almindelige prostituerede

Le mariage bourgeois est en réalité un système d'épouses en commun

Borgerskabets ægteskab er i virkeligheden et system af hustruer i fællesskab

puis il y a une chose qu'on pourrait peut-être reprocher aux communistes

så er der én ting, som kommunisterne muligvis kan bebrejdes

Ils souhaitent introduire une communauté de femmes ouvertement légalisée

de ønsker at indføre et åbent legaliseret fællesskab af kvinder

plutôt qu'une communauté de femmes hypocritement dissimulée

snarere end et hyklerisk skjult fællesskab af kvinder

la communauté des femmes issues du système de production

Kvindefællesskabet, der udspringer af produktionssystemet

Abolissez le système de production, et vous abolissez la communauté des femmes

Afskaf produktionssystemet, og du afskaffer
kvindefællesskabet

La prostitution publique est abolie et la prostitution privée
både offentlig prostitution afskaffes, og privat prostitution
afskaffes

On reproche en outre aux communistes de vouloir abolir les
pays et les nationalités
Kommunisterne bebrejdes desuden mere, at de ønsker at
afskaffe lande og nationalitet

Les travailleurs n'ont pas de patrie, nous ne pouvons donc
pas leur prendre ce qu'ils n'ont pas
Arbejderne har intet land, så vi kan ikke tage fra dem, hvad de
ikke har fået

Le prolétariat doit d'abord acquérir la suprématie politique
proletariatet må først og fremmest opnå politisk
overherredømme

Le prolétariat doit s'élever pour être la classe dirigeante de la
nation
proletariatet må rejse sig til at blive nationens ledende klasse

Le prolétariat doit se constituer en nation
proletariatet må konstituere sig selv som nationen

elle est, jusqu'à présent, elle-même nationale, mais pas dans
le sens bourgeois du mot
den er indtil videre selv national, skønt ikke i ordets
borgerlige betydning

Les différences nationales et les antagonismes entre les
peuples s'estompent chaque jour davantage
Nationale forskelle og modsætninger mellem folkeslag
forsvinder for hver dag mere og mere

grâce au développement de la bourgeoisie, à la liberté du
commerce, au marché mondial
på grund af bourgeoisiets udvikling, på grund af den frie
handel, på verdensmarkedet

à l'uniformité du mode de production et des conditions de
vie qui y correspondent

ensartethed i produktionsmåden og i de dertil knyttede
levevilkår

**La suprématie du prolétariat les fera disparaître encore plus
vite**

Proletariatets overherredømme vil få dem til at forsvinde
endnu hurtigere

**L'action unie, du moins dans les principaux pays civilisés,
est une des premières conditions de l'émancipation du
prolétariat**

Enhedsaktion, i det mindste fra de førende civiliserede lande,
er en af de første betingelser for proletariatets befrielse

**Dans la mesure où l'exploitation d'un individu par un autre
prendra fin, l'exploitation d'une nation par une autre
prendra également fin à**

I samme grad som der sættes en stopper for et andet individs
udbytning, vil der også blive sat en stopper for en nations
udbytning af et andet

**À mesure que l'antagonisme entre les classes à l'intérieur de
la nation disparaîtra, l'hostilité d'une nation envers une
autre prendra fin**

I samme grad som modsætningen mellem klasserne inden for
nationen forsvinder, vil den ene nations fjendtlighed over for
den anden ophøre

**Les accusations portées contre le communisme d'un point de
vue religieux, philosophique et, en général, idéologique, ne
méritent pas d'être examinées sérieusement**

Anklagerne mod kommunismen fra et religiøst, et filosofisk og
generelt fra et ideologisk synspunkt fortjener ikke en seriøs
undersøgelse

**Faut-il une intuition profonde pour comprendre que les
idées, les vues et les conceptions de l'homme changent à
chaque changement dans les conditions de son existence
matérielle ?**

Kræver det dyb intuition at forstå, at menneskets ideer,
anskuelser og forestillinger ændrer sig med enhver forandring
i betingelserne for dets materielle tilværelse?

N'est-il pas évident que la conscience de l'homme change lorsque ses relations sociales et sa vie sociale changent ?

Er det ikke indlysende, at menneskets bevidsthed forandrer sig, når dets sociale relationer og dets sociale liv forandrer sig?

Qu'est-ce que l'histoire des idées prouve d'autre, sinon que la production intellectuelle change de caractère à mesure que la production matérielle se modifie ?

Hvad beviser idéhistorien andet, end at den intellektuelle produktion ændrer karakter i takt med, at den materielle produktion forandres?

Les idées dominantes de chaque époque ont toujours été les idées de sa classe dirigeante

De herskende ideer i hver tidsalder har altid været den herskende klasses ideer

Quand on parle d'idées qui révolutionnent la société, on n'exprime qu'un seul fait

Når folk taler om ideer, der revolutionerer samfundet, udtrykker de kun én kendsgerning

Au sein de l'ancienne société, les éléments d'une nouvelle société ont été créés

I det gamle samfund er elementerne til et nyt blevet skabt

et que la dissolution des vieilles idées va de pair avec la dissolution des anciennes conditions d'existence

og at opløsningen af de gamle ideer holder trit med opløsningen af de gamle tilværelsesbetingelser

Lorsque le monde antique était dans ses dernières affresses, les anciennes religions ont été vaincues par le christianisme

Da den antikke verden var i sine sidste krampetrækninger, blev de gamle religioner overvundet af kristendommen

Lorsque les idées chrétiennes ont succombé au XVIIIe siècle aux idées rationalistes, la société féodale a mené une bataille à mort contre la bourgeoisie alors révolutionnaire

Da kristne ideer i det 18. århundrede bukkede under for rationalistiske ideer, udkæmpede det feudale samfund sin dødskamp mod det dengang revolutionære borgerskab

Les idées de liberté religieuse et de liberté de conscience n'ont fait qu'exprimer l'emprise de la libre concurrence dans le domaine de la connaissance

Ideerne om religionsfrihed og samvittighedsfrihed gav blot udtryk for den frie konkurrences herredømme på kundskabens område

« Sans doute, dira-t-on, les idées religieuses, morales, philosophiques et juridiques ont été modifiées au cours du développement historique »

"Utvivlsomt," vil det blive sagt, "er religiøse, moralske, filosofiske og juridiske ideer blevet modificeret i løbet af den historiske udvikling"

Mais la religion, la morale, la philosophie, la science politique et le droit ont constamment survécu à ce changement.

"Men religion, moral, filosofi, statskundskab og jura overlevede konstant denne forandring"

« Il y a aussi des vérités éternelles, telles que la Liberté, la Justice, etc. »

"Der er også evige sandheder, såsom frihed, retfærdighed osv."

« Ces vérités éternelles sont communes à tous les états de la société »

"Disse evige sandheder er fælles for alle samfundstilstande"

« Mais le communisme abolit les vérités éternelles, il abolit toute religion et toute morale »

"Men kommunismen afskaffer evige sandheder, den afskaffer al religion og al moral"

« il fait cela au lieu de les constituer sur une nouvelle base »

"Det gør det i stedet for at konstituere dem på et nyt grundlag"

« Elle agit donc en contradiction avec toute l'expérience historique passée »

"den handler derfor i modstrid med alle tidligere historiske erfaringer"

À quoi se réduit cette accusation ?

Hvad reducerer denne anklage sig selv til?

L'histoire de toute la société passée a consisté dans le développement d'antagonismes de classe

Hele fortidens samfunds historie har bestået i udviklingen af klassemodsætninger

antagonismes qui ont pris des formes différentes selon les époques

antagonismer, der antog forskellige former i forskellige epoker

Mais quelle que soit la forme qu'ils aient prise, un fait est commun à tous les âges passés

Men uanset hvilken form de måtte have antaget, er der én kendsgerning, der er fælles for alle tidligere tidsaldre

l'exploitation d'une partie de la société par l'autre

den anden del af samfundets udnyttelse af den ene del af samfundet

Il n'est donc pas étonnant que la conscience sociale des âges passés se meuve à l'intérieur de certaines formes communes ou d'idées générales

Det er derfor ikke så mærkeligt, at tidligere tiders sociale bevidsthed bevæger sig inden for visse fælles former eller almene ideer

(et ce, malgré toute la multiplicité et la variété qu'il affiche)

(og det er på trods af al den mangfoldighed og variation, den viser)

et ceux-ci ne peuvent disparaître complètement qu'avec la disparition totale des antagonismes de classe

og disse kan ikke forsvinde fuldstændigt, medmindre klassemodsætningerne helt forsvinder

La révolution communiste est la rupture la plus radicale avec les rapports de propriété traditionnels

Den kommunistiske revolution er det mest radikale brud med de traditionelle ejendomsforhold

Il n'est donc pas étonnant que son développement implique la rupture la plus radicale avec les idées traditionnelles

Ikke underligt, at dens udvikling indebærer det mest radikale brud med traditionelle ideer

Mais finissons-en avec les objections de la bourgeoisie contre le communisme

Men lad os være færdige med bourgeoisiets indvendinger mod kommunismen

Nous avons vu plus haut le premier pas de la révolution de la classe ouvrière

Vi har ovenfor set arbejderklassens første skridt i revolutionen

Le prolétariat doit être élevé à la position de dirigeant, pour gagner la bataille de la démocratie

proletariatet må hæves til den herskende position, for at vinde kampen om demokratiet

Le prolétariat usera de sa suprématie politique pour arracher peu à peu tout le capital à la bourgeoisie

Proletariatet vil bruge sit politiske overherredømme til lidt efter lidt at vriste al kapital ud af bourgeoisiet

elle centralisera tous les instruments de production entre les mains de l'État

den vil centralisere alle produktionsinstrumenter i hænderne på staten

En d'autres termes, le prolétariat s'est organisé en classe dominante

med andre ord, proletariatet organiseret som den herskende klasse

et elle augmentera le plus rapidement possible le total des forces productives

og det vil øge de samlede produktivkræfter så hurtigt som muligt

Bien sûr, au début, cela ne peut se faire qu'au moyen d'incursions despotiques dans les droits de propriété

Naturligvis kan dette i begyndelsen kun ske ved hjælp af despotiske indgreb i ejendomsretten

et elle doit être réalisée dans les conditions de la production bourgeoise

og det skal opnås på borgerskabets produktionsbetingelser

Elle est donc réalisée au moyen de mesures qui semblent économiquement insuffisantes et intenables

Den opnås derfor ved hjælp af foranstaltninger, der
forekommer økonomisk utilstrækkelige og uholdbare

**mais ces moyens, dans le cours du mouvement, se dépassent
d'eux-mêmes**

men disse midler overgår i løbet af bevægelsen sig selv

**elles nécessitent de nouvelles incursions dans l'ancien ordre
social**

de nødvendiggør yderligere indgreb i den gamle
samfundsorden

**et ils sont inévitables comme moyen de révolutionner
entièrement le mode de production**

og de er uundgåelige som et middel til fuldstændig at
revolutionere produktionsmåden

Ces mesures seront bien sûr différentes selon les pays

Disse foranstaltninger vil naturligvis være forskellige i de
forskellige lande

**Néanmoins, dans les pays les plus avancés, ce qui suit sera
assez généralement applicable**

Ikke desto mindre vil følgende i de mest avancerede lande
være temmelig generelt anvendelige

**1. L'abolition de la propriété foncière et l'affectation de
toutes les rentes foncières à des fins publiques.**

1. Afskaffelse af ejendomsret til jord og anvendelse af al
jordrente til offentlige formål.

2. Un impôt sur le revenu progressif ou progressif lourd.

2. En tung progressiv eller gradueret indkomstskat.

3. Abolition de tout droit d'héritage.

3. Afskaffelse af al arveret.

4. Confiscation des biens de tous les émigrés et rebelles.

4. Konfiskation af alle emigranters og oprøreres ejendom.

**5. Centralisation du crédit entre les mains de l'État, au
moyen d'une banque nationale à capital d'État et monopole
exclusif.**

5. Centralisering af kreditten til staten ved hjælp af en
nationalbank med statskapital og et eksklusivt monopol.

6. Centralisation des moyens de communication et de transport entre les mains de l'État.

6. Centralisering af kommunikations- og transportmidlerne i statens hænder.

7. Extension des usines et des instruments de production appartenant à l'État

7. Udvidelse af fabrikker og produktionsinstrumenter ejet af staten

la mise en culture des terres incultes, et l'amélioration du sol en général d'après un plan commun.

Dyrkning af øde arealer og forbedring af jorden i almindelighed i overensstemmelse med en fælles plan.

8. Responsabilité égale de tous vis-à-vis du travail

8. Lige ansvar for alle over for arbejdet

Mise en place d'armées industrielles, notamment pour l'agriculture.

Oprettelse af industrielle hære, især til landbrug.

9. Combinaison de l'agriculture et des industries manufacturières

9. Kombination af landbrug og fremstillingsindustri

l'abolition progressive de la distinction entre la ville et la campagne, par une répartition plus égale de la population sur le territoire.

gradvis afskaffelse af forskellen mellem by og land ved en mere jævn fordeling af befolkningen over landet.

10. Gratuité de l'éducation pour tous les enfants dans les écoles publiques.

10. Gratis uddannelse for alle børn i offentlige skoler.

Abolition du travail des enfants dans les usines sous sa forme actuelle

Afskaffelse af børnearbejde i fabriksarbejde i sin nuværende form

Combinaison de l'éducation et de la production industrielle

Kombination af uddannelse og industriel produktion

Quand, au cours du développement, les distinctions de classe ont disparu

Når klasseforskellene i løbet af udviklingen er forsvundet

et quand toute la production aura été concentrée entre les mains d'une vaste association de toute la nation

og når al produktion er blevet koncentreret i hænderne på en stor sammenslutning af hele nationen

alors la puissance publique perdra son caractère politique

så vil den offentlige magt miste sin politiske karakter

Le pouvoir politique, proprement dit, n'est que le pouvoir organisé d'une classe pour en opprimer une autre

Den egentlige politiske magt er blot en klasses organiserede magt til at undertrykke en anden

Si le prolétariat, dans sa lutte contre la bourgeoisie, est contraint, par la force des choses, de s'organiser en classe

Hvis proletariatet under sin kamp med bourgeoisiet på grund af omstændighederne er tvunget til at organisere sig som klasse

si, par une révolution, elle se fait la classe dominante

hvis den ved hjælp af en revolution gør sig selv til den herskende klasse

et, en tant que telle, elle balaie par la force les anciennes conditions de production

og som sådan fejer den med magt de gamle produktionsbetingelser væk

alors, avec ces conditions, elle aura balayé les conditions d'existence des antagonismes de classes et des classes en général

så vil den sammen med disse betingelser have fejet betingelserne for eksistensen af klassemodsætninger og klasser i almindelighed væk

et aura ainsi aboli sa propre suprématie en tant que classe.

og vil derved have afskaffet sit eget overherredømme som klasse.

A la place de l'ancienne société bourgeoise, avec ses classes et ses antagonismes de classes, nous aurons une association

I stedet for det gamle borgerlige samfund med dets klasser og klassemodsætninger vil vi have en forening

**une association dans laquelle le libre développement de
chacun est la condition du libre développement de tous**
en forening, hvor den enkeltes frie udvikling er betingelsen for
den frie udvikling af alle

1) Le socialisme réactionnaire
1) Reaktionær socialisme

a) Le socialisme féodal
a) Feudal socialisme

**les aristocraties de France et d'Angleterre avaient une
position historique unique**
aristokratierne i Frankrig og England havde en unik historisk
position
**c'est devenu leur vocation d'écrire des pamphlets contre la
société bourgeoise moderne**
det blev deres kald at skrive pamfletter mod det moderne
borgerskab
**Dans la révolution française de juillet 1830 et dans
l'agitation réformiste anglaise**
I den franske revolution i juli 1830 og i den engelske
reformagitation
**Ces aristocraties succombèrent de nouveau à l'odieux
parvenu**
Disse aristokratier bukkede igen under for den hadefulde
opkomling
**Dès lors, il n'était plus question d'une lutte politique
sérieuse**
Fra da af var en seriøs politisk kamp helt udelukket
**Tout ce qui restait possible, c'était une bataille littéraire, pas
une véritable bataille**
Det eneste, der var muligt, var litterær kamp, ikke en egentlig
kamp
**Mais même dans le domaine de la littérature, les vieux cris
de la période de la restauration étaient devenus impossibles**
Men selv på litteraturens område var de gamle råb fra
restaurationsperioden blevet umulige
**Pour s'attirer la sympathie, l'aristocratie était obligée de
perdre de vue, semble-t-il, ses propres intérêts**

For at vække sympati var aristokratiet tilsyneladende nødt til
at tabe deres egne interesser af syne

**et ils ont été obligés de formuler leur réquisitoire contre la
bourgeoisie dans l'intérêt de la classe ouvrière exploitée**

og de var nødt til at formulere deres anklage mod bourgeoisiet
i den udbyttede arbejderklasses interesse

**C'est ainsi que l'aristocratie prit sa revanche en chantant des
pamphlets sur son nouveau maître**

Således tog aristokratiet deres hævn ved at synge spottende
over deres nye herre

**et ils prirent leur revanche en lui murmurant à l'oreille de
sinistres prophéties de catastrophe à venir**

og de tog deres hævn ved at hviske i hans ører uhyggelige
profetier om kommende katastrofe

**C'est ainsi qu'est né le socialisme féodal : moitié
lamentation, moitié moquerie**

På denne måde opstod den feudale socialisme: halvt
klagesang, halvt spottende

**Il sonnait comme un demi-écho du passé, et projetait une
demi-menace de l'avenir**

den lød som et halvt ekko af fortiden og projicerede halvt en
trussel om fremtiden

**parfois, par sa critique acerbe, spirituelle et incisive, il
frappait la bourgeoisie au plus profond de lui-même**

til tider ramte den med sin bitre, vittige og skarpe kritik
borgerskabet helt ind i hjertet

**mais elle a toujours été ridicule dans son effet, par
l'incapacité totale de comprendre la marche de l'histoire
moderne**

men den var altid latterlig i sin virkning, fordi den var
fuldstændig ude af stand til at forstå den moderne histories
gang

**L'aristocratie, pour rallier le peuple à elle, agitait le sac
d'aumône prolétarien en guise de bannière**

For at samle folket viftede aristokratiet med den proletariske
almissepose foran et banner

Mais le peuple, toutes les fois qu'il se joignait à lui, voyait sur son arrière-train les anciennes armoiries féodales

Men så ofte folket sluttede sig til dem, så de gamle feudale våbenskjolde på deres bagdel

et ils désertèrent avec des rires bruyants et irrévérencieux

og de deserterede med høj og uærbødig latter

Une partie des légitimistes français et de la « Jeune Angleterre » offrit ce spectacle

En sektion af de franske legitimister og "Young England" udstillede dette skuespil

les féodaux ont fait remarquer que leur mode d'exploitation était différent de celui de la bourgeoisie

feudalisterne påpegede, at deres udbytningsmåde var anderledes end bourgeoisiets

Les féodaux oublient qu'ils ont exploité dans des circonstances et des conditions tout à fait différentes

Feudalisterne glemmer, at de udnyttede under helt andre omstændigheder og betingelser

Et ils n'ont pas remarqué que de telles méthodes d'exploitation sont maintenant désuètes

og de bemærkede ikke, at sådanne udnyttelsesmetoder nu er forældede

Ils ont montré que, sous leur domination, le prolétariat moderne n'a jamais existé

De viste, at det moderne proletariat aldrig har eksisteret under deres herredømme

mais ils oublient que la bourgeoisie moderne est le produit nécessaire de leur propre forme de société

men de glemmer, at det moderne bourgeoisi er det nødvendige afkom af deres egen samfundsform

Pour le reste, ils dissimulent à peine le caractère réactionnaire de leur critique

I øvrigt lægger de næppe skjul på den reaktionære karakter af deres kritik

Leur principale accusation contre la bourgeoisie se résume à ceci

deres hovedanklage mod bourgeoisiet går ud på følgende

sous le régime bourgeois, une classe sociale se développe

under borgerskabets regime udvikles en social klasse

Cette classe sociale est destinée à découper de fond en comble l'ancien ordre de la société

Denne sociale klasse er bestemt til at skære den gamle samfundsorden op med rod og forgrene

Ce qu'ils reprochent à la bourgeoisie, ce n'est pas tant qu'elle crée un prolétariat

Det, de bebrejder bourgeoisiet for, er ikke så meget, at det skaber et proletariat

ce qu'ils reprochent à la bourgeoisie, c'est plutôt de créer un prolétariat révolutionnaire

det, de bebrejder bourgeoisiet for, er mere, at det skaber et revolutionært proletariat

Dans la pratique politique, ils se joignent donc à toutes les mesures coercitives contre la classe ouvrière

I den politiske praksis deltager de derfor i alle tvangsforanstaltninger mod arbejderklassen

Et dans la vie ordinaire, malgré leurs phrases hautaines, ils s'abaissent à ramasser les pommes d'or tombées de l'arbre de l'industrie

og i det almindelige liv, på trods af deres højtravende sætninger, bøjer de sig ned for at samle de gyldne æbler, der er faldet ned fra industriens træ

et ils troquent la vérité, l'amour et l'honneur contre le commerce de la laine, du sucre de betterave et de l'eau-de-vie de pommes de terre

og de bytter sandhed, kærlighed og ære for handel med uld, rødbedesukker og kartoffelbrændevin

De même que le pasteur a toujours marché main dans la main avec le propriétaire foncier, il en a été de même du socialisme clérical et du socialisme féodal

Ligesom præsten altid er gået hånd i hånd med godsejeren, således er gejstlig socialisme med feudal socialisme

Rien n'est plus facile que de donner à l'ascétisme chrétien une teinte socialiste

Intet er lettere end at give kristen askese et socialistisk skær

Le christianisme n'a-t-il pas déclamé contre la propriété privée, contre le mariage, contre l'État ?

Har kristendommen ikke forkyndt mod privatejendommen, mod ægteskabet, mod staten?

Le christianisme n'a-t-il pas prêché à la place de la charité et de la pauvreté ?

Har kristendommen ikke prædiket i stedet for disse, næstekærlighed og fattigdom?

Le christianisme ne prêche-t-il pas le célibat et la mortification de la chair, de la vie monastique et de l'Église mère ?

Prædiker kristendommen ikke cølibatet og kødets dødgørelse, klosterlivet og moderkirken?

Le socialisme chrétien n'est que l'eau bénite avec laquelle le prêtre consacre les brûlures du cœur de l'aristocrate

Kristen socialisme er kun det hellige vand, hvormed præsten indvier aristokratens hjertebrændende

b) Le socialisme petit-bourgeois
b) Småborgerlig socialisme

L'aristocratie féodale n'est pas la seule classe ruinée par la bourgeoisie
Det feudale aristokrati var ikke den eneste klasse, der blev ruineret af bourgeoisiet
ce n'était pas la seule classe dont les conditions d'existence languissaient et périssaient dans l'atmosphère de la société bourgeoise moderne
det var ikke den eneste klasse, hvis eksistensbetingelser forsvandt og gik til grunde i atmosfæren i det moderne borgerskab
Les bourgeois médiévaux et les petits propriétaires paysans ont été les précurseurs de la bourgeoisie moderne
Middelalderens borgerskaber og småbønderne var forløbere for det moderne bourgeoisi
Dans les pays peu développés, tant au point de vue industriel que commercial, ces deux classes végètent encore côte à côte
I de lande, der kun er lidet udviklede, industrielt og kommercielt, beveges disse to klasser stadig side om side
et pendant ce temps, la bourgeoisie se lève à côté d'eux : industriellement, commercialement et politiquement
og i mellemtiden rejser bourgeoisiet sig ved siden af dem: industrielt, kommercielt og politisk
Dans les pays où la civilisation moderne s'est pleinement développée, une nouvelle classe de petite bourgeoisie s'est formée
I lande, hvor den moderne civilisation er blevet fuldt udviklet, er der dannet en ny klasse af småborgerskab
cette nouvelle classe sociale oscille entre le prolétariat et la bourgeoisie
denne nye sociale klasse svinger mellem proletariat og bourgeoisi

et elle se renouvelle sans cesse en tant que partie
supplémentaire de la société bourgeoise

og den fornyer sig hele tiden som en supplerende del af det
borgerlige samfund

**Cependant, les membres individuels de cette classe sont
constamment précipités dans le prolétariat**

Men de enkelte medlemmer af denne klasse bliver bestandig
kastet ned i proletariatet

**ils sont aspirés par le prolétariat par l'action de la
concurrence**

de suges op af proletariatet gennem konkurrencens handling

**Au fur et à mesure que l'industrie moderne se développe, ils
voient même approcher le moment où ils disparaîtront
complètement en tant que section indépendante de la société
moderne**

Efterhånden som den moderne industri udvikler sig, ser de
endda det øjeblik nærme sig, hvor de helt vil forsvinde som en
uafhængig del af det moderne samfund

**ils seront remplacés, dans les manufactures, l'agriculture et
le commerce, par des surveillants, des huissiers et des
boutiquiers**

De vil blive erstattet af opsynsmænd, fogeder og købmænd
inden for manufaktur, landbrug og handel

**Dans des pays comme la France, où les paysans représentent
bien plus de la moitié de la population**

I lande som Frankrig, hvor bønderne udgør langt mere end
halvdelen af befolkningen

**il était naturel qu'il y ait des écrivains qui se rangent du côté
du prolétariat contre la bourgeoisie**

det var naturligt, at der var forfattere, der stillede sig på
proletariatets side mod bourgeoisiet

**dans leur critique du régime bourgeois, ils utilisaient
l'étendard de la bourgeoisie paysanne et de la petite
bourgeoisie**

i deres kritik af borgerskabets regime brugte de bonde- og
småborgerskabets fane

et, du point de vue de ces classes intermédiaires, ils prennent le relais de la classe ouvrière

og fra disse mellemklassers synspunkt tager de kampen op for arbejderklassen

C'est ainsi qu'est né le socialisme petit-bourgeois, dont Sismondi était le chef de cette école, non seulement en France, mais aussi en Angleterre

Således opstod småborgerlig socialisme, som Sismondi var leder af denne skole, ikke blot i Frankrig, men også i England

Cette école du socialisme a disséqué avec une grande acuité les contradictions des conditions de la production moderne

Denne socialisme dissekerede med stor skarphed modsigelserne i den moderne produktions betingelser

Cette école a mis à nu les excuses hypocrites des économistes

Denne skole afslørede økonomernes hykleriske undskyldninger

Cette école prouva sans conteste les effets désastreux du machinisme et de la division du travail

Denne skole beviste uomtvisteligt de katastrofale virkninger af maskiner og arbejdsdeling

elle prouvait la concentration du capital et de la terre entre quelques mains

det beviste, at kapital og jord var koncentreret på få hænder

elle a prouvé comment la surproduction conduit à des crises bourgeoises

den beviste, hvordan overproduktion fører til borgerskabets kriser

il soulignait la ruine inévitable de la petite bourgeoisie et des paysans

den påpegede småborgerskabets og bondens uundgåelige undergang

la misère du prolétariat, l'anarchie de la production, les inégalités criantes dans la répartition des richesses

proletariatets elendighed, anarkiet i produktionen, de skrigende uligheder i fordelingen af rigdom

Il a montré comment le système de production mène la guerre industrielle d'extermination entre les nations

den viste, hvordan produktionssystemet fører den industrielle udryddelseskrig mellem nationer

la dissolution des vieux liens moraux, des vieilles relations familiales, des vieilles nationalités

opløsningen af gamle moralske bånd, af de gamle familieforhold, af de gamle nationaliteter

Dans ses objectifs positifs, cependant, cette forme de socialisme aspire à réaliser l'une des deux choses suivantes

I sine positive mål stræber denne form for socialisme imidlertid efter at opnå en af to ting

soit elle vise à restaurer les anciens moyens de production et d'échange

enten sigter den mod at genoprette de gamle produktions- og udvekslingsmidler

et avec les anciens moyens de production, elle rétablirait les anciens rapports de propriété et l'ancienne société

og med de gamle produktionsmidler ville det genoprette de gamle ejendomsforhold og det gamle samfund

ou bien elle vise à enfermer les moyens modernes de production et d'échange dans l'ancien cadre des rapports de propriété

eller den sigter mod at indsnævre de moderne produktions- og udvekslingsmidler i de gamle rammer for ejendomsforholdene

Dans un cas comme dans l'autre, elle est à la fois réactionnaire et utopique

I begge tilfælde er det både reaktionært og utopisk

Ses derniers mots sont : guildes corporatives pour la fabrication, relations patriarcales dans l'agriculture

Dens sidste ord er: korporative laug for fremstilling, patriarkalske relationer i landbruget

En fin de compte, lorsque les faits historiques obstinés ont dispersé tous les effets enivrants de l'auto-tromperie

I sidste ende, da stædige historiske kendsgerninger havde
spredt alle berusende virkninger af selvbedrag
**cette forme de socialisme se termina par un misérable accès
de pitié**
denne form for socialisme endte i et ynkeligt anfald af
medlidenhed

c) Le socialisme allemand, ou « vrai »
c) Tysk eller "sand" socialisme

La littérature socialiste et communiste de France est née sous la pression d'une bourgeoisie au pouvoir
Den socialistiske og kommunistiske litteratur i Frankrig opstod under pres fra et borgerskab ved magten
Et cette littérature était l'expression de la lutte contre ce pouvoir
og denne litteratur var udtryk for kampen mod denne magt
elle a été introduite en Allemagne à une époque où la bourgeoisie venait de commencer sa lutte contre l'absolutisme féodal
den blev indført i Tyskland på et tidspunkt, hvor bourgeoisiet netop havde indledt sin kamp mod feudal enevælde
Les philosophes allemands, les prétendus philosophes et les beaux esprits, s'emparèrent avidement de cette littérature
Tyske filosoffer, vordende filosoffer og beaux esprits greb ivrigt fat i denne litteratur
mais ils oubliaient que les écrits avaient émigré de France en Allemagne sans apporter avec eux les conditions sociales françaises
men de glemte, at skrifterne indvandrede fra Frankrig til Tyskland uden at bringe de franske sociale forhold med sig
Au contact des conditions sociales allemandes, cette littérature française perd toute sa signification pratique immédiate
I kontakt med tyske samfundsforhold mistede denne franske litteratur al sin umiddelbare praktiske betydning
et la littérature communiste de France a pris un aspect purement littéraire dans les cercles académiques allemands
og den kommunistiske litteratur i Frankrig antog et rent litterært aspekt i tyske akademiske kredse
Ainsi, les exigences de la première Révolution française n'étaient rien d'autre que les exigences de la « raison pratique »

Således var den første franske revolutions krav ikke andet end kravene fra "praktisk fornuft"

et l'expression de la volonté de la bourgeoisie française révolutionnaire signifiait à leurs yeux la loi de la volonté pure

og det revolutionære franske bourgeoisis viljeudtale betød i deres øjne den rene viljes lov

il signifiait la Volonté telle qu'elle devait être ; de la vraie Volonté humaine en général

det betød vilje, som det var nødt til at være; af sand menneskelig vilje generelt

Le monde des lettrés allemands ne consistait qu'à mettre les nouvelles idées françaises en harmonie avec leur ancienne conscience philosophique

De tyske litteraters verden bestod udelukkende i at bringe de nye franske ideer i harmoni med deres gamle filosofiske samvittighed

ou plutôt, ils ont annexé les idées françaises sans déserter leur propre point de vue philosophique

eller rettere, de annekterede de franske ideer uden at svigte deres eget filosofiske synspunkt

Cette annexion s'est faite de la même manière que l'on s'approprie une langue étrangère, c'est-à-dire par la traduction

Denne annektering fandt sted på samme måde, som et fremmedsprog tilegnes, nemlig ved oversættelse

Il est bien connu comment les moines ont écrit des vies stupides de saints catholiques sur des manuscrits

Det er velkendt, hvordan munkene skrev fjollede liv om katolske helgener over manuskripter

les manuscrits sur lesquels les œuvres classiques de l'ancien paganisme avaient été écrites

de manuskripter, hvorpå de klassiske værker fra den gamle hedenskab var blevet skrevet

Les lettrés allemands ont inversé ce processus avec la littérature française profane

De tyske litterater vendte denne proces med den profane franske litteratur

Ils ont écrit leurs absurdités philosophiques sous l'original français

De skrev deres filosofiske nonsens under den franske original

Par exemple, sous la critique française des fonctions économiques de l'argent, ils ont écrit « L'aliénation de l'humanité »

For eksempel skrev de under den franske kritik af pengenes økonomiske funktioner "Fremmedgørelse af menneskeheden"

au-dessous de la critique française de l'État bourgeois, ils écrivaient « détrônement de la catégorie du général »

under den franske kritik af borgerstaten skrev de "detronisering af generalens kategori"

L'introduction de ces phrases philosophiques à la fin des critiques historiques françaises qu'ils ont baptisées :

Introduktionen af disse filosofiske sætninger bagerst i den franske historiekritik, de kaldte:

« Philosophie de l'action », « Vrai socialisme », « Science allemande du socialisme », « Fondement philosophique du socialisme », etc

"Handlingsfilosofi", "Sand socialisme", "Tysk videnskab om socialisme", "Socialismens filosofiske grundlag" og så videre

La littérature socialiste et communiste française est ainsi complètement émasculée

Den franske socialistiske og kommunistiske litteratur blev således fuldstændig kastreret

entre les mains des philosophes allemands, elle cessa d'exprimer la lutte d'une classe contre l'autre

i hænderne på de tyske filosoffer ophørte den med at udtrykke den ene klasses kamp mod den anden

et c'est ainsi que les philosophes allemands se sentaient conscients d'avoir surmonté « l'unilatéralité française »

og derfor følte de tyske filosoffer sig bevidste om at have overvundet "fransk ensidighed"

Il n'avait pas à représenter de vraies exigences, mais plutôt des exigences de vérité

den behøvede ikke at repræsentere sande krav, snarere repræsenterede den krav om sandhed

il n'y avait pas d'intérêt pour le prolétariat, mais plutôt pour la nature humaine

der var ingen interesse for proletariatet, snarere var der interesse for den menneskelige natur

l'intérêt était dans l'Homme en général, qui n'appartient à aucune classe et n'a pas de réalité

interessen var for mennesket i almindelighed, som ikke tilhører nogen klasse og ikke har nogen virkelighed

un homme qui n'existe que dans le royaume brumeux de la fantaisie philosophique

en mand, der kun eksisterer i den filosofiske fantasis tågede rige

mais finalement, ce socialisme allemand d'écolier perdit aussi son innocence pédante

men til sidst mistede også denne skoledreng tyske socialisme sin pedantiske uskyld

la bourgeoisie allemande, et surtout la bourgeoisie prussienne, luttait contre l'aristocratie féodale

det tyske bourgeoisi og især det preussiske bourgeoisi kæmpede mod det feudale aristokrati

la monarchie absolue de l'Allemagne et de la Prusse était également combattue

det absolutte monarki Tyskland og Preussen blev også bekæmpet

Et à son tour, la littérature du mouvement libéral est également devenue plus sérieuse

og til gengæld blev den liberale bevægelses litteratur også mere alvorlig

L'Allemagne a eu l'occasion longtemps souhaitée par le « vrai » socialisme de se voir offrir

Tysklands længe ønskede mulighed for "ægte" socialisme blev tilbudt

l'occasion de confronter le mouvement politique aux revendications socialistes
muligheden for at konfrontere den politiske bevægelse med de socialistiske krav

l'occasion de jeter les anathèmes traditionnels contre le libéralisme
Muligheden for at slynge de traditionelle bandlysninger mod liberalismen

l'occasion d'attaquer le gouvernement représentatif et la concurrence bourgeoise
muligheden for at angribe den repræsentative regering og borgerskabets konkurrence

Liberté de la presse bourgeoise, législation bourgeoise, liberté et égalité bourgeoise
Borgerskabets pressefrihed, borgerskabets lovgivning, borgerskabets frihed og lighed

Tout cela pourrait maintenant être critiqué dans le monde réel, plutôt que dans la fantaisie
Alle disse kunne nu kritiseres i den virkelige verden snarere end i fantasien

L'aristocratie féodale et la monarchie absolue prêchaient depuis longtemps aux masses
Feudalt aristokrati og enevælde monarki havde længe prædiket for masserne

« L'ouvrier n'a rien à perdre, et il a tout à gagner »
"Den arbejdende mand har intet at tabe, og han har alt at vinde"

le mouvement bourgeois offrait aussi une chance de se confronter à ces platitudes
borgerbevægelsen tilbød også en chance for at konfrontere disse floskler

la critique française présupposait l'existence d'une société bourgeoise moderne
den franske kritik forudsatte eksistensen af det moderne borgerskab

Conditions économiques d'existence de la bourgeoisie et constitution politique de la bourgeoisie

Borgerskabets økonomiske eksistensbetingelser og borgerskabets politiske forfatning

les choses mêmes dont la réalisation était l'objet de la lutte imminente en Allemagne

de ting, hvis opnåelse var målet for den forestående kamp i Tyskland

L'écho stupide du socialisme en Allemagne a abandonné ces objectifs juste à temps

Tysklands fjollede ekko af socialisme opgav disse mål lige i sidste øjeblik

Les gouvernements absolus avaient leur suite de pasteurs, de professeurs, d'écuyers de campagne et de fonctionnaires

De absolutte regeringer havde deres tilhængerskare af præster, professorer, godsejere og embedsmænd

le gouvernement de l'époque a répondu aux soulèvements de la classe ouvrière allemande par des coups de fouet et des balles

den daværende regering mødte de tyske arbejderstande med piskninger og kugler

pour eux, ce socialisme était un épouvantail bienvenu contre la bourgeoisie menaçante

for dem tjente denne socialisme som et velkomment fugleskræmsel mod det truende bourgeoisi

et le gouvernement allemand a pu offrir un dessert sucré après les pilules amères qu'il a distribuées

og den tyske regering var i stand til at tilbyde en sød dessert efter de bitre piller, den uddelte

ce « vrai » socialisme servait donc aux gouvernements d'arme pour combattre la bourgeoisie allemande

denne »sande« socialisme tjente således regeringerne som et våben til at bekæmpe det tyske bourgeoisi

et, en même temps, il représentait directement un intérêt réactionnaire ; celle des Philistins allemands

og samtidig repræsenterede den direkte en reaktionær
interesse; de tyske filistre,

**En Allemagne, la petite bourgeoisie est la véritable base
sociale de l'état de choses actuel**

I Tyskland er småborgerskabets klasse det virkelige sociale
grundlag for den bestående tingenes tilstand

**une relique du XVIe siècle qui n'a cessé de surgir sous
diverses formes**

et levn fra det sekstende århundrede, der konstant er dukket
op under forskellige former

**Conserver cette classe, c'est préserver l'état de choses
existant en Allemagne**

At bevare denne klasse er at bevare den eksisterende tingenes
tilstand i Tyskland

**La suprématie industrielle et politique de la bourgeoisie
menace la petite bourgeoisie d'une destruction certaine**

Bourgeoisiets industrielle og politiske overherredømme truer
småborgerskabet med sikker ødelæggelse

**d'une part, elle menace de détruire la petite bourgeoisie par
la concentration du capital**

på den ene side truer den med at ødelægge småborgerskabet
gennem koncentration af kapital

**d'autre part, la bourgeoisie menace de la détruire par
l'avènement d'un prolétariat révolutionnaire**

på den anden side truer bourgeoisiet med at ødelægge det
gennem et revolutionært proletariats fremkomst

**Le « vrai » socialisme semblait faire d'une pierre deux coups.
Il s'est répandu comme une épidémie**

Den "sande" socialisme syntes at slå disse to fluer med et
smæk. Det spredte sig som en epidemi

**La robe de toiles d'araignées spéculatives, brodée de fleurs
de rhétorique, trempée dans la rosée du sentiment maladif**

Kappen af spekulative spindelvæv, broderet med retorikkens
blomster, gennemsyret af sygelige følelsers dug

**cette robe transcendantale dans laquelle les socialistes
allemands enveloppaient leurs tristes « vérités éternelles »**

denne transcendentale kappe, som de tyske socialister svøbte deres sørgelige »evige sandheder« i.

tout de peau et d'os, servaient à augmenter merveilleusement la vente de leurs marchandises auprès d'un public aussi

alle skind og ben, tjente til vidunderligt at øge salget af deres varer blandt et sådant publikum

Et de son côté, le socialisme allemand reconnaissait de plus en plus sa propre vocation

Og på sin side anerkendte den tyske socialisme mere og mere sit eget kald

on l'appelait à être le représentant grandiloquent de la petite-bourgeoisie philistine

den blev kaldt den bombastiske repræsentant for den småborgerlige filister

Il proclamait que la nation allemande était la nation modèle, et le petit philistin allemand l'homme modèle

Den proklamerede den tyske nation som mønsternationen og den tyske småfilister som mønstermennesket

À chaque méchanceté de cet homme modèle, elle donnait une interprétation socialiste cachée, plus élevée

Til enhver skurkagtig ondskabsfuldhed hos dette mønstermenneske gav den en skjult, højere, socialistisk fortolkning

cette interprétation socialiste supérieure était l'exact contraire de son caractère réel

denne højere, socialistiske fortolkning var det stik modsatte af dens virkelige karakter

Il est allé jusqu'à s'opposer directement à la tendance « brutalement destructrice » du communisme

Den gik så langt som til direkte at modsætte sig kommunismens "brutalt destruktive" tendens

et il proclamait son mépris suprême et impartial de toutes les luttes de classes

og den proklamerede sin højeste og upartiske foragt for alle klassekampe

À de très rares exceptions près, toutes les publications dites socialistes et communistes qui circulent aujourd'hui (1847) en Allemagne appartiennent au domaine de cette littérature nauséabonde et énervante

Med meget få undtagelser hører alle de såkaldte socialistiske og kommunistiske publikationer, der nu (1847) cirkulerer i Tyskland, til denne modbydelige og enerverende litteraturs domæne

2) Le socialisme conservateur ou le socialisme bourgeois

2) Konservativ socialisme eller borgerlig socialisme

Une partie de la bourgeoisie est désireuse de redresser les griefs sociaux

En del af bourgeoisiet ønsker at råde bod på sociale klager

afin d'assurer la pérennité de la société bourgeoise

for at sikre det borgerlige samfunds fortsatte eksistens

C'est à cette section qu'appartiennent les économistes, les philanthropes, les humanitaires

Til denne sektion hører økonomer, filantroper, humanister

améliorateurs de la condition de la classe ouvrière et organisateurs de la charité

Forbedringer af arbejderklassens vilkår og organisatorer af velgørenhed

membres des sociétés de prévention de la cruauté envers les animaux

medlemmer af selskaber til forebyggelse af dyremishandling

fanatiques de la tempérance, réformateurs de toutes sortes imaginables

afholdsfanatikere, hul-og-hjørne-reformatorer af enhver tænkelig art

Cette forme de socialisme a, d'ailleurs, été élaborée en systèmes complets

Denne form for socialisme er desuden blevet udarbejdet til komplette systemer

On peut citer la « Philosophie de la Misère » de Proudhon comme exemple de cette forme

Vi kan nævne Proudhons "Philosophie de la Misère" som et eksempel på denne form

La bourgeoisie socialiste veut tous les avantages des conditions sociales modernes

Det socialistiske bourgeoisi ønsker alle fordelene ved moderne samfundsforhold

mais la bourgeoisie socialiste ne veut pas nécessairement des luttes et des dangers qui en résultent

men det socialistiske bourgeoisi ønsker ikke nødvendigvis de
deraf følgende kampe og farer
**Ils désirent l'état actuel de la société, sans ses éléments
révolutionnaires et désintégrateurs**
De ønsker den eksisterende samfundstilstand minus dets
revolutionære og opløsende elementer
c'est-à-dire qu'ils veulent une bourgeoisie sans prolétariat
med andre ord, de ønsker et bourgeoisi uden proletariat
**La bourgeoisie conçoit naturellement le monde dans lequel
elle est souveraine d'être la meilleure**
Bourgeoisiet forestiller sig naturligvis den verden, hvor det er
suverænt at være den bedste
**et le socialisme bourgeois développe cette conception
confortable en divers systèmes plus ou moins complets**
og borgersocialismen udvikler denne behagelige opfattelse til
forskellige mere eller mindre komplette systemer
**ils voudraient beaucoup que le prolétariat marche droit dans
la Nouvelle Jérusalem sociale**
de ville meget gerne have, at proletariatet straks marcherede
ind i det sociale nye Jerusalem
**Mais en réalité, elle exige du prolétariat qu'il reste dans les
limites de la société existante**
men i virkeligheden kræver det, at proletariatet holder sig
inden for det eksisterende samfunds grænser
**ils demandent au prolétariat de se débarrasser de toutes ses
idées haineuses sur la bourgeoisie**
de beder proletariatet om at forkaste alle deres hadefulde
ideer om bourgeoisiet
**il y a une seconde forme plus pratique, mais moins
systématique, de ce socialisme**
der er en anden mere praktisk, men mindre systematisk form
for denne socialisme
**Cette forme de socialisme cherchait à déprécier tout
mouvement révolutionnaire aux yeux de la classe ouvrière**
Denne form for socialisme forsøgte at nedvurdere enhver
revolutionær bevægelse i arbejderklassens øjne

Ils soutiennent qu'aucune simple réforme politique ne pourrait leur être d'un quelconque avantage

De hævder, at ingen simpel politisk reform kan være til nogen fordel for dem

Seul un changement dans les conditions matérielles d'existence dans les relations économiques est bénéfique

kun en ændring af de materielle betingelser for eksistensen i de økonomiske forhold er til gavn for

Comme le communisme, cette forme de socialisme prône un changement des conditions matérielles d'existence

Ligesom kommunismen går denne form for socialisme ind for en ændring af de materielle eksistensbetingelser

Cependant, cette forme de socialisme ne suggère nullement l'abolition des rapports de production bourgeois

men denne form for socialisme antyder på ingen måde afskaffelsen af bourgeoisiets produktionsforhold

l'abolition des rapports de production bourgeois ne peut se faire que par la révolution

afskaffelsen af bourgeoisiets produktionsforhold kan kun opnås gennem en revolution

Mais au lieu d'une révolution, cette forme de socialisme suggère des réformes administratives

Men i stedet for en revolution foreslår denne form for socialisme administrative reformer

et ces réformes administratives seraient fondées sur la pérennité de ces relations

og disse administrative reformer vil være baseret på disse forbindelsers fortsatte eksistens

réformes qui n'affectent en rien les rapports entre le capital et le travail

reformer, der på ingen måde påvirker forholdet mellem kapital og arbejde

au mieux, de telles réformes réduisent le coût et simplifient le travail administratif du gouvernement bourgeois

i bedste fald mindsker sådanne reformer omkostningerne og forenkler borgerskabets regerings administrative arbejde

Le socialisme bourgeois atteint une expression adéquate lorsque, et seulement lorsque, il devient une simple figure de style

Den borgerlige socialisme opnår et fyldestgørende udtryk, når og kun når den bliver en simpel talemåde

Le libre-échange : au profit de la classe ouvrière

Frihandel: til gavn for arbejderklassen

Les devoirs protecteurs : au profit de la classe ouvrière

Beskyttelsestold: til gavn for arbejderklassen

Réforme pénitentiaire : au profit de la classe ouvrière

Fængselsreform: til gavn for arbejderklassen

C'est le dernier mot et le seul mot sérieux du socialisme bourgeois

Dette er det sidste ord og det eneste seriøst mente ord i den borgerlige socialisme

Elle se résume dans la phrase : la bourgeoisie est une bourgeoisie au profit de la classe ouvrière

Det er opsummeret i sætningen: Borgerskabet er et borgerskab til gavn for arbejderklassen

3) Socialisme et communisme utopiques critiques

3) Kritisk-utopisk socialisme og kommunisme

Nous ne nous référons pas ici à la littérature qui a toujours donné la parole aux revendications du prolétariat

Vi henviser her ikke til den litteratur, der altid har givet udtryk for proletariatets krav

cela a été présent dans toutes les grandes révolutions modernes, comme les écrits de Babeuf et d'autres

dette har været til stede i enhver stor moderne revolution, såsom Babeufs og andres skrifter

Les premières tentatives directes du prolétariat pour parvenir à ses propres fins échouèrent nécessairement

Proletariatets første direkte forsøg på at nå sine egne mål mislykkedes nødvendigvis

Ces tentatives ont été faites dans des temps d'effervescence universelle, lorsque la société féodale était renversée

Disse forsøg blev gjort i tider med universel spænding, da det feudale samfund blev styrtet

L'état alors peu développé du prolétariat a conduit à l'échec de ces tentatives

proletariatets dengang uudviklede tilstand førte til, at disse forsøg mislykkedes

et ils ont échoué en raison de l'absence des conditions économiques pour son émancipation

og de mislykkedes på grund af manglen på de økonomiske betingelser for dens frigørelse

conditions qui n'avaient pas encore été produites, et qui ne pouvaient être produites que par l'époque de la bourgeoisie

betingelser, der endnu ikke var blevet frembragt, og som kunne skabes af den forestående borgerskabsepoke alene

La littérature révolutionnaire qui accompagnait ces premiers mouvements du prolétariat avait nécessairement un caractère réactionnaire

Den revolutionære litteratur, der ledsagede disse
proletariatets første bevægelser, havde nødvendigvis en
reaktionær karakter

**Cette littérature inculquait l'ascétisme universel et le
nivellement social dans sa forme la plus grossière**

Denne litteratur indprentede universel askese og social
nivellering i sin groveste form

**Les systèmes socialistes et communistes, proprement dits,
naissent au début de la période sous-développée**

De socialistiske og kommunistiske systemer, egentlig såkaldte,
opstår i den tidlige uudviklede periode

**Saint-Simon, Fourier, Owen et d'autres, ont décrit la lutte
entre le prolétariat et la bourgeoisie (voir section 1)**

Saint-Simon, Fourier, Owen og andre beskrev kampen mellem
proletariat og borgerskab (se afsnit 1)

**Les fondateurs de ces systèmes voient, en effet, les
antagonismes de classe**

Grundlæggerne af disse systemer ser faktisk
klassemodsætningerne

**Ils voient aussi l'action des éléments en décomposition, dans
la forme dominante de la société**

de ser også de nedbrydende elementers virkning i den
fremherskende samfundsform

**Mais le prolétariat, encore à ses débuts, leur offre le
spectacle d'une classe sans aucune initiative historique**

Men proletariatet, der endnu er i sin vorden, tilbyder dem et
skuespil af en klasse uden noget historisk initiativ

**Ils voient le spectacle d'une classe sociale sans aucun
mouvement politique indépendant**

de ser synet af en social klasse uden nogen uafhængig politisk
bevægelse

**Le développement de l'antagonisme de classe va de pair
avec le développement de l'industrie**

Udviklingen af klassemodsætninger holder trit med
industriens udvikling

La situation économique ne leur offre donc pas encore les conditions matérielles de l'émancipation du prolétariat

Den økonomiske situation tilbyder dem derfor endnu ikke de materielle betingelser for proletariatets befrielse

Ils cherchent donc une nouvelle science sociale, de nouvelles lois sociales, qui doivent créer ces conditions

De søger derfor efter en ny samfundsvidenskab, efter nye sociale love, der skal skabe disse betingelser

l'action historique, c'est céder à leur action inventive personnelle

historisk handling er at give efter for deres personlige opfindsomhed

Les conditions d'émancipation créées historiquement doivent céder la place à des conditions fantastiques

Historisk skabte betingelser for frigørelse skal vige for fantastiske betingelser

et l'organisation de classe graduelle et spontanée du prolétariat doit céder la place à l'organisation de la société

og proletariatets gradvise, spontane klasseorganisering skal vige for samfundets organisation

l'organisation de la société spécialement conçue par ces inventeurs

den organisering af samfundet, der er specielt udtænkt af disse opfindere

L'histoire future se résout, à leurs yeux, dans la propagande et l'exécution pratique de leurs projets sociaux

Fremtidens historie opløser sig i deres øjne i propagandaen og den praktiske gennemførelse af deres sociale planer

Dans l'élaboration de leurs plans, ils ont conscience de s'occuper avant tout des intérêts de la classe ouvrière

Ved udformningen af deres planer er de bevidste om, at de først og fremmest tager sig af arbejderklassens interesser

Ce n'est que du point de vue d'être la classe la plus souffrante que le prolétariat existe pour eux

Kun ud fra det synspunkt, at det er den mest lidende klasse, eksisterer proletariatet for dem

L'état sous-développé de la lutte des classes et leur propre
environnement informent leurs opinions
Klassekampens uudviklede tilstand og deres egne omgivelser
præger deres meninger
Les socialistes de ce genre se considèrent comme bien
supérieurs à tous les antagonismes de classe
Socialister af denne art betragter sig selv som langt overlegne i
forhold til alle klassemodsætninger
Ils veulent améliorer la condition de tous les membres de la
société, même celle des plus favorisés
De ønsker at forbedre forholdene for alle medlemmer af
samfundet, selv for de mest begunstigede
Par conséquent, ils s'adressent habituellement à la société
dans son ensemble, sans distinction de classe
Derfor appellerer de sædvanligvis til samfundet som helhed,
uden skelnen til klasse
Bien plus, ils font appel à la société dans son ensemble de
préférence à la classe dirigeante
nej, de appellerer til samfundet som helhed ved at foretrække
den herskende klasse
Pour eux, tout ce qu'il faut, c'est que les autres comprennent
leur système
For dem er alt, hvad det kræver, at andre forstår deres system
Car comment les gens peuvent-ils ne pas voir que le
meilleur plan possible est le meilleur état possible de la
société ?
For hvordan kan folk undgå at se, at den bedst mulige plan er
for den bedst mulige samfundstilstand?
C'est pourquoi ils rejettent toute action politique, et surtout
toute action révolutionnaire
Derfor afviser de enhver politisk og især al revolutionær
handling
ils veulent arriver à leurs fins par des moyens pacifiques
de ønsker at nå deres mål med fredelige midler
ils s'efforcent, par de petites expériences, qui sont
nécessairement vouées à l'échec

de bestræber sig ved små eksperimenter, som nødvendigvis er
dømt til at mislykkes
**et par la force de l'exemple, ils essaient d'ouvrir la voie au
nouvel Évangile social**
og ved eksemplets kraft forsøger de at bane vejen for det nye
sociale evangelium
**De tels tableaux fantastiques de la société future, peints à
une époque où le prolétariat est encore dans un état très
sous-développé**
Sådanne fantastiske billeder af fremtidens samfund, malet på
et tidspunkt, hvor proletariatet stadig er i en meget uudviklet
tilstand
**et il n'a encore qu'une conception fantasmatique de sa
propre position**
og den har stadig kun en fantastisk opfattelse af sin egen
position
**Mais leurs premières aspirations instinctives correspondent
aux aspirations du prolétariat**
men deres første instinktive længsler svarer til proletariatets
længsler
**L'un et l'autre aspirent à une reconstruction générale de la
société**
begge længes efter en generel genopbygning af samfundet
**Mais ces publications socialistes et communistes
contiennent aussi un élément critique**
Men disse socialistiske og kommunistiske publikationer
indeholder også et kritisk element
Ils s'attaquent à tous les principes de la société existante
De angriber ethvert princip i det eksisterende samfund
**C'est pourquoi ils sont remplis des matériaux les plus
précieux pour l'illumination de la classe ouvrière**
Derfor er de fulde af de mest værdifulde materialer til
oplysning af arbejderklassen
**Ils proposent l'abolition de la distinction entre la ville et la
campagne, et la famille**

de foreslår afskaffelse af sondringen mellem by og land, og
familien

**la suppression de l'exercice de l'industrie pour le compte des
particuliers**

afskaffelse af udøvelse af industrier for privatpersoners
regning

**et l'abolition du salariat et la proclamation de l'harmonie
sociale**

og afskaffelse af lønsystemet og proklamation af social
harmoni

**la transformation des fonctions de l'État en une simple
surveillance de la production**

omdannelsen af statens funktioner til en simpel overvågning
af produktionen

**Toutes ces propositions ne pointent que vers la disparition
des antagonismes de classe**

Alle disse forslag peger udelukkende på
klassemodsætningernes forsvinden

Les antagonismes de classe ne faisaient alors que surgir

Klassemodsætninger var på det tidspunkt kun lige ved at
dukke op

**Dans ces publications, ces antagonismes de classe ne sont
reconnus que dans leurs formes les plus anciennes,
indistinctes et indéfinies**

I disse publikationer er disse klassemodsætninger kun
genkendt i deres tidligste, utydelige og udefinerede former

Ces propositions ont donc un caractère purement utopique

Disse forslag er derfor af rent utopisk karakter

**La signification du socialisme et du communisme critiques-
utopiques est en relation inverse avec le développement
historique**

Betydningen af den kritisk-utopiske socialisme og
kommunisme står i omvendt forhold til den historiske
udvikling

**La lutte de classe moderne se développera et continuera à
prendre une forme définitive**

Den moderne klassekamp vil udvikle sig og fortsætte med at tage bestemt form

Cette réputation fantastique du concours perdra toute valeur pratique

Denne fantastiske status fra konkurrencen vil miste al praktisk værdi

Ces attaques fantastiques contre les antagonismes de classe perdront toute justification théorique

Disse fantastiske angreb på klassemodsætninger vil miste enhver teoretisk berettigelse

Les initiateurs de ces systèmes étaient, à bien des égards, révolutionnaires

ophavsmændene til disse systemer var i mange henseender revolutionære

Mais leurs disciples n'ont, dans tous les cas, formé que des sectes réactionnaires

men deres disciple har i alle tilfælde kun dannet reaktionære sekter

Ils s'en tiennent fermement aux vues originales de leurs maîtres

De holder fast i deres herrers oprindelige synspunkter

Mais ces vues s'opposent au développement historique progressif du prolétariat

Men disse anskuelser står i modsætning til proletariatets fremadskridende historiske udvikling

Ils s'efforcent donc, et cela constamment, d'étouffer la lutte des classes

De bestræber sig derfor på, og det konsekvent, at dræbe klassekampen

et ils s'efforcent constamment de concilier les antagonismes de classe

og de bestræber sig konsekvent på at forsone klassemodsætningerne

Ils rêvent encore de la réalisation expérimentale de leurs utopies sociales

De drømmer stadig om eksperimentel realisering af deres sociale utopier

ils rêvent encore de fonder des « phalanstères » isolés et d'établir des « colonies d'origine »

de drømmer stadig om at grundlægge isolerede "falansterer" og etablere "hjemmekolonier"

ils rêvent de mettre en place une « Petite Icarie » – éditions duodecimo de la Nouvelle Jérusalem

de drømmer om at oprette en "Lille Ikaria" – duodecimo-udgaver af det nye Jerusalem

Et ils rêvent de réaliser tous ces châteaux dans les airs

og de drømmer om at realisere alle disse luftslotte

Ils sont obligés de faire appel aux sentiments et aux bourses des bourgeois

de er tvunget til at appellere til borgerskabets følelser og pengepunge

Peu à peu, ils s'enfoncent dans la catégorie des socialistes conservateurs réactionnaires décrits ci-dessus

Lidt efter lidt synker de ned i kategorien af reaktionære konservative socialister, der er skildret ovenfor

ils ne diffèrent de ceux-ci que par une pédanterie plus systématique

de adskiller sig kun fra disse ved mere systematisk pedanteri

et ils diffèrent par leur croyance fanatique et superstitieuse aux effets miraculeux de leur science sociale

og de adskiller sig ved deres fanatiske og overtroiske tro på de mirakuløse virkninger af deres samfundsvidenskab

Ils s'opposent donc violemment à toute action politique de la part de la classe ouvrière

De modsætter sig derfor voldsomt enhver politisk aktion fra arbejderklassens side

une telle action, selon eux, ne peut résulter que d'une incrédulité aveugle dans le nouvel Évangile

en sådan handling kan ifølge dem kun være et resultat af blind vantro på det nye evangelium

**Les owénistes en Angleterre et les fouriéristes en France
s'opposent respectivement aux chartistes et aux réformistes**
Owenitterne i England og fourieristerne i Frankrig er imod
chartisterne og "réformisterne"

Position des communistes par rapport aux divers partis d'opposition existants

Kommunisternes stilling i forhold til de forskellige eksisterende oppositionspartier

La section II a mis en évidence les relations des communistes avec les partis ouvriers existants

Afsnit II har gjort kommunisternes forhold til de eksisterende arbejderpartier klarlagt.

comme les chartistes en Angleterre et les réformateurs agraires en Amérique

såsom chartisterne i England og de agrariske reformatorer i Amerika

Les communistes luttent pour la réalisation des objectifs immédiats

Kommunisterne kæmper for at nå de umiddelbare mål

Ils luttent pour l'application des intérêts momentanés de la classe ouvrière

de kæmper for håndhævelsen af arbejderklassens øjeblikkelige interesser

Mais dans le mouvement politique d'aujourd'hui, ils représentent et s'occupent aussi de l'avenir de ce mouvement

Men i nutidens politiske bevægelse repræsenterer og tager de sig også af denne bevægelses fremtid

En France, les communistes s'allient avec les social-démocrates

I Frankrig allierer kommunisterne sig med socialdemokraterne

et ils se positionnent contre la bourgeoisie conservatrice et radicale

og de stiller sig op mod det konservative og radikale bourgeoisi

cependant, ils se réservent le droit d'adopter une position critique à l'égard des phrases et des illusions traditionnellement héritées de la grande Révolution

de forbeholder sig dog retten til at indtage en kritisk holdning
til fraser og illusioner, der traditionelt er overleveret fra den
store revolution

**En Suisse, ils soutiennent les radicaux, sans perdre de vue
que ce parti est composé d'éléments antagonistes**
I Schweiz støtter de de radikale uden at tabe af syne, at dette
parti består af fjendtlige elementer

**en partie des socialistes démocrates, au sens français du
terme, en partie de la bourgeoisie radicale**
dels af demokratiske socialister, i fransk forstand, dels af
radikale bourgeoisi

**En Pologne, ils soutiennent le parti qui insiste sur la
révolution agraire comme condition première de
l'émancipation nationale**
I Polen støtter de det parti, der insisterer på en
landbrugsrevolution som den primære betingelse for national
frigørelse

ce parti qui fomenta l'insurrection de Cracovie en 1846
det parti, der anstiftede opstanden i Krakow i 1846

**En Allemagne, ils luttent avec la bourgeoisie chaque fois
qu'elle agit de manière révolutionnaire**
I Tyskland kæmper de med bourgeoisiet, når det handler
revolutionært

**contre la monarchie absolue, l'escroc féodal et la petite
bourgeoisie**
mod enevælden, det feudale godsejerskab og småborgerskabet

**Mais ils ne cessent jamais, un seul instant, inculquer à la
classe ouvrière une idée particulière**
Men de ophører aldrig et øjeblik med at indgyde
arbejderklassen en bestemt idé

**la reconnaissance la plus claire possible de l'antagonisme
hostile entre la bourgeoisie et le prolétariat**
den klarest mulige erkendelse af det fjendtlige
modsætningsforhold mellem bourgeoisiet og proletariatet

**afin que les ouvriers allemands puissent immédiatement
utiliser les armes dont ils disposent**

således at de tyske arbejdere straks kan bruge de våben, de har
til rådighed

**les conditions sociales et politiques que la bourgeoisie doit
nécessairement introduire en même temps que sa
suprématie**

de sociale og politiske betingelser, som bourgeoisiet
nødvendigvis må indføre sammen med dets overherredømme

**la chute des classes réactionnaires en Allemagne est
inévitable**

de reaktionære klassers fald i Tyskland er uundgåeligt

**et alors la lutte contre la bourgeoisie elle-même peut
commencer immédiatement**

og så kan kampen mod selve bourgeoisiet straks begynde

**Les communistes tournent leur attention principalement
vers l'Allemagne, parce que ce pays est à la veille d'une
révolution bourgeoise**

Kommunisterne vender hovedsagelig deres opmærksomhed
mod Tyskland, fordi dette land står på tærsklen til en
borgerlig revolution

**une révolution qui ne manquera pas de s'accomplir dans des
conditions plus avancées de la civilisation européenne**

en revolution, der uundgåeligt vil blive gennemført under
mere avancerede forhold i den europæiske civilisation

**Et elle ne manquera pas de se faire avec un prolétariat
beaucoup plus développé**

og det må nødvendigvis udføres med et langt mere udviklet
proletariat

**un prolétariat plus avancé que celui de l'Angleterre au XVIIe
siècle, et celui de la France au XVIIIe siècle**

et proletariat, der var mere avanceret end Englands, var i det
syttende og Frankrig i det 18. århundrede

**et parce que la révolution bourgeoise en Allemagne ne sera
que le prélude d'une révolution prolétarienne qui suivra
immédiatement**

og fordi den borgerlige revolution i Tyskland kun vil være optakten til en umiddelbart efterfølgende proletarisk revolution

Bref, partout les communistes soutiennent tout mouvement révolutionnaire contre l'ordre social et politique existant

Kort sagt, kommunisterne støtter overalt enhver revolutionær bevægelse mod den bestående sociale og politiske orden

Dans tous ces mouvements, ils mettent au premier plan, comme la question maîtresse de chacun d'eux, la question de la propriété

I alle disse bevægelser bringer de ejendomsspørgsmålet frem som det ledende spørgsmål i hver af dem

quel que soit son degré de développement dans ce pays à ce moment-là

uanset hvor stor dens udviklingsgrad er i det pågældende land på det tidspunkt

Enfin, ils œuvrent partout pour l'union et l'accord des partis démocratiques de tous les pays

Endelig arbejder de overalt for foreningen og tilslutningen mellem de demokratiske partier i alle lande

Les communistes dédaignent de dissimuler leurs vues et leurs objectifs

Kommunisterne foragter at skjule deres synspunkter og mål

Ils déclarent ouvertement que leurs fins ne peuvent être atteintes que par le renversement par la force de toutes les conditions sociales existantes

De erklærer åbent, at deres mål kun kan nås ved at omstyrte alle eksisterende sociale forhold med magt

Que les classes dirigeantes tremblent devant une révolution communiste

Lad de herskende klasser skælve over en kommunistisk revolution

Les prolétaires n'ont rien d'autre à perdre que leurs chaînes

Proletarerne har intet andet at tabe end deres lænker

Ils ont un monde à gagner

De har en verden at vinde

TRAVAILLEURS DE TOUS LES PAYS, UNISSEZ-VOUS !
ARBEJDENDE MÆND FRA ALLE LANDE, FOREN JER!